역사를 읽으면 통찰력을 얻는다
중국역사를 읽으면 중국으로 가는 길이 보인다

21일간의 이야기만화 역사기행

만리 중국사

COMIC VERSION OF CHINESE HISTORY 12, 13

Copyright ⓒ 中国美术出版社总社连环画出版社；编绘：孙家裕；主笔：尚嘉鹏
Korean translation copyright ⓒ 2013 by Korean Studies Information Co., Ltd.
Korean translation rights of 《COMIC VERSION OF CHINESE HISTORY》
arranged with LIANHUANHUA PUBLISHER directly.

21일간의 이야기만화 역사기행
만리 중국사 06권 진(큰글자도서)

초판인쇄 2022년 12월 2일
초판발행 2022년 12월 2일

글·그림 쑨자위
글 상자평
옮긴이 류방승
발행인 채종준
발행처 한국학술정보(주)

주소 경기도 파주시 회동길 230(문발동)
문의 ksibook13@kstudy.com
출판신고 2003년 9월 25일 제406-2003-000012호

ISBN 979-11-6801-944-7 14910

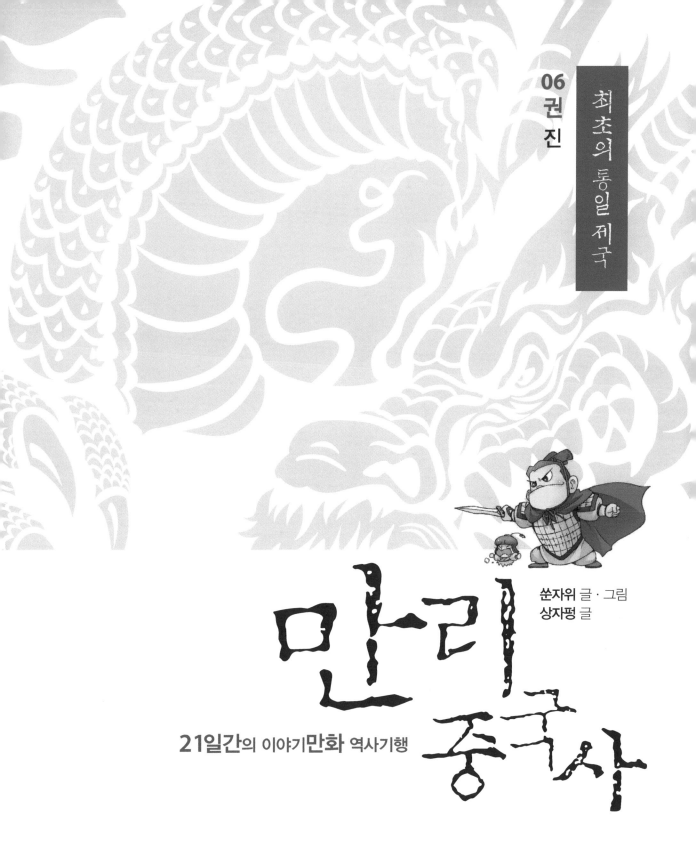

06
권
진

최초의 통일 제국

쑨자위 글 · 그림
상자펑 글

만리 중국사

21일간의 이야기만화 역사기행

이담
Books

중국은 세계 4대 문명 발상지 가운데 하나다. 중화 문명은 아득히 먼 옛날부터 수천 년 동안 전해져 내려오며 상고上古, 하夏, 상商, 주周, 춘추春秋, 전국戰國, 진秦, 서한西漢, 동한東漢, 삼국三國, 서진西晉, 동진東晉, 남북조南北朝, 수隋, 당唐, 오대십국五代十國, 송宋, 요遼, 서하西夏, 금金, 원元, 명明. 청淸 등의 역사 시대를 거쳤다.

중화 문명은 세계에서 가장 오래된 문명이자 가장 오래 지속된 문명이기도 하다. 중화 문명과 어깨를 나란히 한 문명으로는 고대 바빌론 문명, 고대 그리스 문명, 고대 이집트 문명 등이 있다. 어떤 문명은 중국보다 먼저 발생하고, 또 범위도 훨씬 넓었지만 이들은 이민족의 침입 혹은 스스로의 부패로 인해 멸망하여 결국 기나긴 역사 속에서 연기처럼 사라져 버렸다. 중국만이 세계에서 유일하게 문명 대국을 자랑하며 유구한 역사를 이어 오고 있다.

수천 년 동안 중화 민족은 무엇에도 굴하지 않는 강인한 의지와 과감한 탐구 정신, 총명한 지혜로 웅장한 역사의 장을 엶과 동시에 눈부시게 찬란한 물질문명과 정신문명을 창조했다.

이 책의 편집 제작은 정사正史를 바탕으로 진실하고 객관적인 사실을 전달하는 데 주력했다. 또한 역사를 만화 형식으로 풀어 씀으로써 독자들이 아름답고 다채로우며 생동감 넘치는 장면을 느끼리라 기대한다. 독자 여러분들이 쉽고 재미있게 읽는 가운데 역사를 직접 느끼고 역사에 융화되어 깨닫는 바가 있기를 바란다.

지롄하이紀連海
중국 CCTV '백가강단百家講壇' 강사

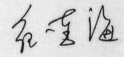

최초의 통일 제국

진(秦, 기원전 221~206년)은 중국 역사상 최초의 통일된 다민족 봉건 국가이다. 진나라의 통일은 장기간 이어진 제후국의 군웅할거 국면을 종식하고, 백성의 생활 안정과 사회 생산 발전에 크게 기여했다.

진왕 영정嬴政, 즉 진시황秦始皇은 중국 최초로 '황제'라는 칭호를 사용한 군주로, 지금까지도 논란이 끊이지 않는 인물이다. 그는 넓은 영토를 다스리기 위해 주나라의 분봉제分封制를 철폐하고 전국을 36개 군과 여러 개의 현으로 나눈 군현제郡縣制를 실시하여 중앙에서 지방까지 단계별로 통제가 가능한 시스템을 구축했다. 또한 문자, 화폐, 도량형 및 수레바퀴 폭을 통일하여 사회 발전을 이끌었다.

그는 북방의 흉노족을 막기 위해 만리장성萬里長城을 축조했는데, 이 대규모 공사에 백성들을 마구 동원하여 큰 원성을 샀다. 게다가 무거운 세금과 엄격한 법률로 백성들이 극심한 고초를 겪게 했을 뿐 아니라 분서갱유焚書坑儒를 통해 당시 지배 사상인 법가에 반하는 사상을 탄압하기에 이르렀다.

진시황 사후 농민의 불만이 폭발해 마침내 진승陳勝, 오광吳廣의 농민 봉기가 일어났다. 이를 계기로 각지에서 잇달아 진나라에 반기를 들면서 일세를 풍미한 진 제국은 불과 15년 만에 무너지고 말았다.

진나라가 멸망하는 과정 속에서 항우項羽와 유방劉邦은 대표적인 중심 세력으로 성장해 천하를 다투었다. 항우는 초나라의 귀족 출신이고 유방은 농민 출신이었다. 처음에는 유방의 세력이 아주 미약하여 항우의 적수가 되지 못했다. 그러나 유방은 소하蕭何, 장량張良, 한신韓信 등과 같이 훌륭한 참모와 장군을 휘하에 두면서 몇 번의 죽을 고비를 넘기고 최후에 천하를 차지했다. 진나라 멸망 후 4년이 지난 기원전 202년, 유방은 항우를 물리치고 서한西漢을 건립했다.

유방, 항우를 비롯해 이 시기에 등장한 여러 영웅, 책사, 여인들의 대결은 중국의 대표적인 군담소설『초한지』로 재탄생해 시대를 뛰어넘어 현재까지도 많은 사람들의 사랑을 받고 있다.

상고 上古		B.C. 약 800만~2000년
하 夏		B.C. 2070~1600년
상 商		B.C. 1600~1046년
주 周		B.C. 1046~771년
춘추 春秋		B.C. 770~403년
전국 戰國		B.C. 403~221년
진 秦		B.C. 221~206년
한 漢	서한 西漢	B.C. 206~A.D. 25년
	동한 東漢	25~220년
삼국 三國_위·촉·오		220~280년
양진 兩晉	서진 西晉	265~317년
	동진 東晉	317~420년
남북조 南北朝		420~581년
수 隋		581~618년
당 唐		618~907년
오대십국 五代十國		907~960년
송 宋	북송 北宋	960~1127년
	남송 南宋	1127~1279년
요 遼		907~1125년
서하 西夏		1038~1227년
금 金		1115~1234년
원 元		1271~1368년
명 明		1368~1644년
청 淸		1644~1911년

진 秦

- B.C. 221년 진시황이 중국을 최초로 통일, 황제 제도 실시
- B.C. 220년 치도馳道 건설
- B.C. 219년 진시황이 태산에서 봉선을 행함.
- B.C. 215년 몽염이 북의 흉노를 토벌
- B.C. 214년 만리장성 축조
- B.C. 213년 이사가 건의하여 진시황이 분서焚書를 행함.
- B.C. 212년 진시황이 아방궁과 여산묘를 건축, 진시황이 유학자 460여 명을 구덩이에 파묻음(갱유坑儒).
- B.C. 210년 진시황이 사구 평태에서 병사함, 태자 부소가 자결하고 호해가 황제에 오름(진이세秦二世).
- B.C. 209년 진승과 오광이 대택향에서 기의起義
- B.C. 208년 조고가 이사를 살해
- B.C. 207년 진이세가 자결하고 이세의 조카인 자영이 진삼세秦三世에 오름, 항우가 거록 대전에서 장한을 대파
- B.C. 206년 유방이 진나라를 멸함, 유방이 약법삼장約法三章을 반포, 항우와 유방의 홍문의 연회鴻門之宴
- B.C. 205년 항우가 팽성 대전에서 유방을 대파
- B.C. 204년 한신이 배수진을 쳐 조나라 군대를 격파
- B.C. 203년 초나라와 한나라가 홍구를 경계로 삼음.
- B.C. 202년 한나라 군대가 항우를 포위, 항우가 오강에서 자살함.

차
례

진 下

진 上

진
上

秦

인물소개

호해胡亥

진이세秦二世로 진시황의
18번째 아들이다. 조고와
이사의 도움으로 부소를
핍박해 죽이고 진나라
황제에 올랐다.

영정嬴政

진시황제. 진 장양왕의
아들로 걸출한 정치가
이자 군사 지도자이다.
최초로 중국을 통일하고
개국 황제에 올랐다.

조고趙高

진시황 사후에 이사와
공모해 조서를 고치고
호해를 황제로 세웠다.
호해 즉위 후 계략을
꾸며 이사를 죽이고
승상 자리에 올랐다.
훗날 사람을 보내
호해를 죽이고 자신도
진왕 자영子嬰에게
살해되었다.

부소扶蘇

진시황의 장자. 진시황에게 미움을
사 상군의 감군監軍으로 쫓겨났으며
진시황 사후에 조고와 이사에 의해
죽음으로 내몰렸다.

오광吳廣

진승과 함께 진나라에
반기를 들었다.

이사李斯

진나라의 유명한
정치가이자 문학가,
서예가로 진시황을
도와 천하통일을
이룩했다. 후에 승상
자리에 올랐지만
진시황 사후 조고의
시기를 받아 요참형*에
처해졌다.

진승陳勝

진나라 말기에
오광과 함께
기병하여 반反진
의용군의 선구자
역할을 했다.

*요참형腰斬刑
　허리를 잘라 죽이는 형벌

유방劉邦

한 고조高祖. 진나라 때 사수泗水 정장亭長을 지냈고, 패沛 땅에서 기병해 패공沛公이라 불렸다. 진나라가 망한 후 한왕漢王에 봉해졌고, 이후 초한 전쟁에서 서초패왕 항우를 물리치고 서한의 개국 황제가 되었다.

장량張良

자는 자방子房으로 한 고조 유방의 책사이다. 걸출한 정치가이자 군사가로 한나라의 개국공신 중 한 명이다.

몽염蒙恬

진시황 때의 유명한 장수. 중국 최고의 용사로 널리 칭송받고 있다.

범증范增

항우의 책사로 항우는 그를 존경해 '아부亞父'라 불렸다.

항우項羽

고대의 걸출한 군사가이자 정치가. 진나라 말기 회계에서 기의한 후 거록巨鹿 전투에서 진나라 주력부대를 대파했다. 진나라 멸망 후 스스로 서초패왕西楚覇王에 올랐다. 중국사에서 가장 용맹한 장수로 손꼽히며 '패왕'은 곧 항우를 가리킨다.

시대별지도 - 진秦

흉노匈奴

정형井陘

거록巨鹿

태산泰山

진秦

함양咸陽
◉ ⚬ •함곡관函谷關

강羌

홍문鴻門   홍구鴻溝 ■팽성彭城

한중漢中   ⚬   ×
형양滎陽   해하垓下

N
NW · NE
W · E
SW · SE
S

진시황이 태산에서 봉선을 행하다

봉선封禪
하늘에 지내는 제사를 봉封, 산천에 지내는 제사를 선禪이라 하여
중국에서 제왕이 천하 태평의 공을 천지에 보고하는 일을 말한다.

기원전 221년, 진시황은 중국 최초의 통일국가인 진나라를 건립했다. 그런데 새로 탄생한 국가를 어떻게 다스려야 하는지에 대해 조정과 민간 사이에 의견이 첨예하게 대립했다.

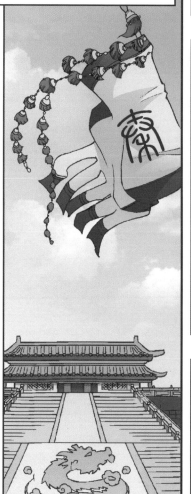

유생들이 고리 타분하긴 해도 이 의견은 정말 맘에 드는군.

짐이 너희들이 올린 상소를 보았는데, 봉선 의식에 특히 관심이 가는구나.

꼭~ 필요한 의식입죠.

지금 천하가 태평하니 봉선을 행할 적기다. 비바람이 순조롭고 나라와 백성이 안녕하길 빌어야겠다.

예!

태산泰山은 천지와 맞닿아 있으니 태산에서 봉선을 행하십시오.

태산은 도성에서 너무 멀어 오래 걸리는데 끙…

조오타! 짐은 태산에 봉선하러 가겠노라.

태산에는 항상 신선이 출몰하니 만약 신선을 만난다면 장생불사약을 얻을 수 있습니다.

장생 불사약?

이 밥통들!

노여움 푸십시오. 신은 봉선 의식을 어떻게 거행해야 하는지 정말 모릅니다.

유생을 싫어한 진시황은 측근들에게 봉선 의식을 준비하도록 명했다. 그런데……

어쩔 수 없이 유생에게 물어봐야겠군.

결정적인 순간에는 우리가 꼭 필요하다니까!

봉선은 매우 중대한 의식입니다.

고서에는 태산의 만물에 영혼이 깃들어 있어 꽃이나 풀 한 포기도 훼손해서는 안 된다고 쓰여 있습니다.

그리고 봉선 때 타는 수레의 바퀴는 꼭 부들 줄기로 싸야만 하고……

짐이 수레를 타지 않으면 되겠느냐?

미주알~ 고주알!

이후 봉선의 규정은 짐이 정한다!

너희들이 말하는 고서 규정은 며칠 밤을 꼬박 새도 끝날 것 같지 않다!

고서의 규정을 따르지 않으면 천지신명의 노여움을 사게 됩니다.

시끄럽다! 내 노여움은 어쩔건데?

기원전 219년, 진시황은 봉선을 거행하러 태산으로 향했다.

태산의 초목 하나 하나에도 신령이 붙어 있는데 길을 냈다가 신령을 화나게 하는 건 아닐까?

폐하가 길을 닦으라는데 어쩌겠어?

업어치나 메치나 죽는 건 똑같다고.

태산

이번 의식의 순서를 내 맘대로 결정해서 만일 틀리기라도 하면 유생들이 입방아를 찧을 텐데……

유생들이 말하는 건 딱 싫어!

봉선 의식 과정이 절대 새나가서는 안 된다. 만약 새나가면 목을 베겠다!

봉선 의식이 의례에 맞든 안 맞든 아무도 모르는데 누가 날 비난하겠어?

예!

18

하늘이 보우하사 우리 진 왕조가 영원히 이어지게 해 주시옵소서!

맘이 중요하지 의식 따위 뭔 상관이야!

다들 일어나라!

신 이사, 폐하께 드릴 말씀이 있습니다.

그래, 무슨 말이오?

갑자기 든 생각인데, 성단 옆에 비석을 세워 폐하의 성덕을 하늘에 알리심이 어떨까요?

좋은 생각이오. 비문은 그대가 써 보시오!

명을 받들겠습니다!

신이 방금 완성한 비문입니다. 살펴보십시오.

황제께서 보위에 올라 세상의 법도를 밝히시고 신하들은 마음을 닦고 근신하니……

캬! 주옥 같구나.

답이야 안 들어도 뻔하지만.

어떻습니까? 히히!

경은 과연 훌륭한 승상이오. 어디 한 군데 흠잡을 데가 없소!

봉선을 거행한 오늘, 하늘에 구름 한 점 없는 것은 하늘이 진나라를 비호한다는 뜻이오!

폐하께서 하늘이 선택한 성군이기 때문입니다.

과찬이십니다.

나무신이여, 제발 비를 그치게 해 주시옵소서!

무섭게도 쏟아지는구나.

비가 마침내 그쳤구나.

에휴

애석하게도 이번에 신선을 만나지 못했어. 만났다면 장생불사할 수 있었는데.

신이 보기에 폐하께선 이미 신선을 만났습니다.

어디서? 승상이 보았소?

폐하께서 나무신에게 빌자 비가 그치지 않았습니까!

그래, 나무신이 보우한 게 틀림없어.

맞습니다.

이 소나무를 오대부에 봉한다고 알려라!

옙!

소나무를 오대부에 봉한 사실은 삽시간에 전국으로 퍼져 나갔다.

폐하가 봉선을 거행하고 하산하는 길에 폭우를 만났대.

아, 나도 그 얘기 들었어.

분명 예법을 따르지 않아 하늘이 노한 걸 거야.

폐하도 별수 없이 신선을 못 만났다지?

우리 이웃집 서생은 글을 써서 폐하의 봉선 과정을 신랄하게 조롱했어.

그 사람 정말 대담한데.

숨 막혀서 먼저 죽겠다.

목소리 낮춰. 목이 몇 개나 되길래 그런 소릴 해!

알았어, 알았다고.

하고 싶은 얘길 하는 건 대단하지만 그러다 무슨 일 나는 건 아닌가 몰라?

그의 몇몇 친구도 폐하의 봉선이 예제에 어긋났다고 문제 제기를 했다는구먼.

조정을 비난 했다가는 구족이 멸한다고!

폐하가 안 그래도 유생을 싫어하는데 구실을 주게 됐으니 불길하다 불길해…

며칠 후

짐이 요즘 아~주 훌륭한 글을 몇 편 봤으니 경이 잘~ 한 번 읽어 보시오!!

네?

탁!

폐하가 천명을 어겨 하늘의 노여움을 사 장차 큰 재앙이 내릴…… 헉!

계속 읽으시오.

소나무를 오대부에 봉해 하늘의 위엄을 업신여긴 것은 큰 불경입니다.

도대체 유생 놈들이 어떻게 봉선 과정을 알게 된 것이오!

신은 절대 발설하지 않았습니다!

그대가 발설했다면 지금 살아 있겠소?

태산의 봉선 사건으로 인해 진시황은 유생에 대한 원한이 골수에 사무쳤고, 이는 훗날 분서갱유가 일어나는 계기가 되었다.

신이 당장 사람을 보내 앞뒤 분간 못 하는 유생들을 잡아들이겠습니다!

됐소. 내게 제 잘난 맛에 사는 유생 놈들을 손볼 계획이 있으니까!

조만간 난리가 나겠구나.

쿵!

영명하십니다!

하비의 다리에서
『태공병법』을
전해 받다

희 공자는 한나라 귀족으로 망국의 한을 갚기 위해 힘이 센 장사를 고용했다. 그는 진시황 암살 장소로 박랑사를 선택했다.

다다다

저기 온다!

잘 보라고!

젠장, 빗나갔다.
더러운 황제 놈이
명도 길구나!

도망가자!

게 섰거라!

다다다다

너 같으면
서겠냐?

희 공자는 추격을 피하기
위해 이름을 장량으로 바
꾸고 하비로 도망쳤다.

도주범 희 공자를
잡는 자에게는
큰 상을 내리겠다!

징~

29

다행히 빨리 도망쳤기에 망정이지.

허 허

설마 내 신분이 들통 난 거 아냐?

헤헤, 맘에 드는 젊은이로구먼.

어르신, 왜 길을 막고 계세요?

엥? 왜 멀쩡한 신발을?

휙~

31

주워온 김에 좀 신겨 주게나.

정말……

멍하니 서서 뭐 하고 있나? 빨리!

노망난 노인네가 틀림없어. 일을 괜히 크게 벌이지 말자.

내가 지금 뭘 하고 있는 건지.

하하!

그럼 난 가 보겠네.

조심히 들어 가십시오.

도처에 관병이 깔려 있는데, 어디로 가지?

젊은이!

Hey~

앗, 어르신 왜 또 오셨어요?

닷새 후 아침에 여기서 보세. 자네에게 줄 게 있네.

33

닷새 후

날이 벌써 밝았군.
늦지 않으려면
빨리 나가야지.

근데
내가 왜
나가는 거지?

어르신,
벌써 나와
계셨어요?

버르장머리
없는 놈!
어른과의 약속에
늦게 나와?

죄송합니다.

일방적으로
약속하시고선
……

만회할 기회를
주지. 닷새 후
아침에 여기로
다시 나오게.

예.

닷새 후

꼬끼오~

오늘은 일찍
일어났으니
절대 늦지
않을 거야.

앗,
저 익숙한
실루엣은!

제게 한 번 더
기회를 주십시오.
다음에는 절대
늦지 않겠습니다.

알겠네.
그럼 닷새 후
다시 보세.

감사합니다.

다음번엔
어르신보다
반드시 일찍
나오겠어!

불끈

닷새 후

이번에는
아예 밤중에
다리로 가서
기다리자.

하하,
오늘은 내가
더 일찍 왔다!

ZZZZ

어, 잠깐 눈을
붙인다는 게
그만.

젊은이,
왔나?

36

안녕
하셨습니까?

이 책을
열심히 읽으면
훗날 크게
성공할 걸세.

이게
주신다던?
대체 뭔가요?

역시 내가
사람을
잘못 보지
않았어.

부끄럽
습니다.

어르신……

13년 후에 날
다시 만날 수
있을 거야.

어디서요?

제북의 곡성산 아래 있는 누런 돌이 바로 날세!

태공병법 왈……

장량은 노인이 건넨 『태공병법』을 열심히 읽고 훗날 유방을 보좌해 매우 큰 공을 세웠다.

몽염의 흉노
격파와
장성 축조

몽염, 이번 제나라 멸망에 그대의 공이 가장 컸다!

그대를 내사*에 임명하겠다!

감사합니다!

몽의 역시 큰 공을 세웠으니 상경에 임명 한다!

감사합니다!

* 내사內史
　진한秦漢시대 도성을 다스리는 일을 맡아보던 벼슬.

긴급?!

폐하, 국경 수비대에서 보내 온 긴급 상소입니다!

흉노가 급습하여 아군의 피해가 막심하고 황하 이남 대부분 지역을 잃었······

뭐야?!

신이 잃어버린 땅을 수복하겠습니다!

좋다! 30만 병력을 이끌고 가 흉노를 몰아내라!

예, 폐하!

40

흉노 진영

큰일 났습니다!

왜 호들갑이냐?

방정스럽긴.

몽염이 30만 대군을 이끌고 이리로 쳐들어 오고 있습니다!

난 또 뭐라고.

어디 몽염이 소문처럼 그렇게 대단한지 한번 두고 보지.

그래 봤자 내 상대는 안 되겠지만. 훗!

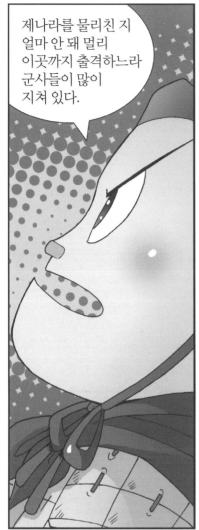

제나라를 물리친 지
얼마 안 돼 멀리
이곳까지 출격하느라
군사들이 많이
지쳐 있다.

약점
많은뎁쇼.

또 흉노는
기병인 데 반해
우린 보병
입니다.

기병 하나가
보병 셋은
너끈히
당해내니……

그럼 우리에게
승산이 전혀
없단 말인가?

흉노는 말 타고
활쏘는 데 능한 데다
성격이 포악해
맞대결을 펼치면
우위를 점할 수 없다.

흉노를 무찌르려면
먼저 그들의
사기를 꺾을 방법을
찾아야 돼!

흉노의
사기를
꺾는다고요?

날 따라와라.

이 전차들은 특수
재질로 만들어
매우 견고해서 적의
화살을 막는 데
유용하다.

방어와 동시에
쇠뇌로 화살을
쏠 수도 있지.

흉노 놈들에게
따끔한 맛을
보여줍시다!

전차 부대,
진격!

형제들이여,
나를 따르라!

발사!

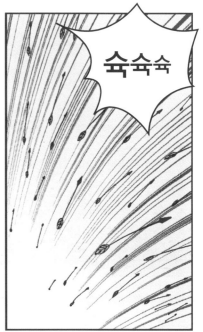

슉슉슉

으악!

대단하다!
빨리 도망가자!

젠장,
쓸모없는
놈들 같으니!

휴, 하마터면 목숨을 잃을 뻔했어……

퇴각 하라!

나도 말 좀 줘!

보병대, 추격하라!

와아~

악!

오… 오지맛!

이런 멍청이들!

용서해 주십시오. 몽염이 실로 대단하여……

쯧쯧, 그리 방정을 떨더니 결국.

뭐? 우리가 대패했다고?

몽염이 계속 추격전을 벌이자 흉노는 7백 리 밖까지 황급히 달아났다. 이로써 진나라는 순조롭게 황하 이남 지역을 수복했다.

앗싸! 황하 이남까지 접수했다! 크크

하하, 몽염은 과연 짐의 신하로 손색이 없다!

민간에서는 몽염 장군을 '중원 제일의 용사'라 부른다고 합니다!

'중원 제일의 용사'라…… 오직 몽염에게만 어울리는 칭호로다!

며칠 후

몽염은 예전에 진·조·연이 각기 쌓은 장성을 하나로 연결 시키려는 것이다.

하지만 이 작업은 너무 방대해서 언제 끝날지 알 수 없으니……

몽염이 북방의 방어선을 강화하기 위해 황하 이북에 장성을 축조한다는군.

황하 이북에는 장성이 적지 않을 텐데요……

이는 진나라 변방 방어에 매우 중요한 사안이니 몽염의 요청을 허락해 주십시오!

그렇긴 하지.

좋다. 그리하겠다!

감사합니다!

농서 임조

장군님은 대승을 거뒀는데도 돌아가지 않고 왜 이 황량한 곳에서 고생을 사서 하는 거지?

내 말이. 정말 이상해.

장군!

장군!

장성이 축조되면 소수의 병력만 주둔 시켜도 흉노의 대군을 막아낼 수 있다.

나는 말야. 어려서부터 외적의 침입을 받지 않는 강대한 나라를 꿈꿔 왔다.

장군님의 바람을 이루기 위해서 이곳에 머무르신 거구나.

대단하셔.

몽염 장군이야 말로 진정한 장군님이야!

흉노의 침입에 대비해 몽염이 쌓은 장성은 만리장성의 시초가 되었다.

진시황의 분서갱유

분서갱유焚書坑儒
진시황이 학자들의 정치 비판을 금하기 위해 경서를 불태우고 그들을 구덩이에 생매장한 사건을 말한다.

기원전 213년, 진시황은 조정 대신들을 불러 함양궁에서 성대한 연회를 베풀었다.

모두 맘껏 들게.

황상께서 천하를 평정하여 백성이 더는 전란의 고통을 겪지 않게 됐으니 진나라는 영원히 이어질 것입니다!

하하, 주청신은 옳은 말만 하는구나. 특별히 상을 내리겠다!

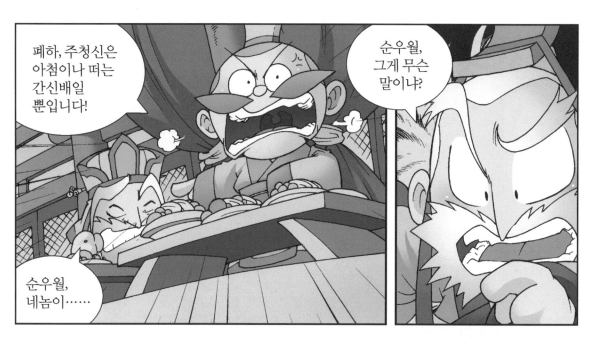

폐하, 주청신은 아침이나 떠는 간신배일 뿐입니다!

순우월, 그게 무슨 말이냐?

순우월, 네놈이……

상·주가 천년을 이어온 것은 자기 자손을 제후에 봉해 왕실을 보좌했기 때문입니다.

지금 폐하의 자손 중 제후가 하나도 없는데 진나라가 어찌 만대를 이어 가겠습니까?!!

주청신은 폐하를 속이고 있습니다!

그 입 다물라! 제후 책봉 문제는 다음에 논하겠다!

간만에 흥이 났거늘. 산통 깨는구나.

이튿날

신은 그의 의견에 반대합니다.

오호! 이유가 뭐요?

이사, 어제 순우월이 한 말을 어떻게 생각하시오?

폐하께서 육국을 통일한 지금은 하 · 상 · 주 때완 다르니, 통치 방식도 달라야 합니다.

그래, 계속 얘기해 보시오.

겨우 고서 몇 권을 읽고 폐하의 치국 방법을 비난하는 일은 반드시 제지해야 합니다.

그럼 어떻게 해야 되겠소?

진나라 사관이 쓰지 않은 모든 책을 불사르고 뒤에서 조정을 험담하는 이를 모두 죽이십시오.

좋소! 이 일은 그대가 맡아서 처리하시오!

옙, 폐하!

기원전 213년, 진시황이 분서령을 내리자 전국 각지에서는 실용 서적을 제외한 모든 사상 서적을 불태우기 시작했다.

책을 빨리 광주리에 담아라!

너무 많아. 헉!

어휘
무거워……

낑낑

와르르

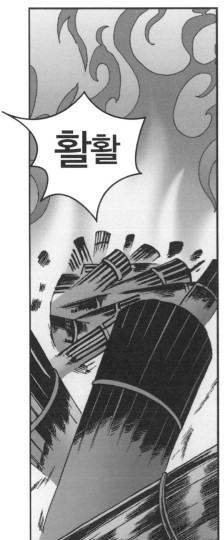

활활

아, 저 귀한
고서들을……

정말
불태웠어.

55

1년 후

무슨 일인데 이리도 허둥대시오?

폐하께서 양산궁에 행차했다가 승상의 거마가 많은 것을 보고 크게 진노 하셨습니다.

목숨 걸고 이 사실을 알려 주신 은혜 잊지 않겠소.

폐하께 들킬 지도 모르니 저는 이만 궁으로 돌아 가겠습니다.

이사는 이 말을 듣고 즉시 거마의 수를 대폭 줄였다.

어떤 놈이냐! 누가 그 말을 감히 입 밖에 냈느냐!

헉!

폐하,
노여움을
푸십시오!

자백하지
않겠단
말이지?

그렇다면 좋다.
그날 짐의 곁에
있던 자들을
몰살시켜라!

흥, 누가 또 감히
짐의 일을
누설하는지
두고 보겠다!

한편 진시황은 불로장생약을
얻고 싶어서 방사*인 노생과
후생에게 연단 제조를 서두
르라고 재촉했다.

후생,
이번엔 성공
할 수 있을까?

노생,
또 불로장생약을
제조하지 못하면
우린 목이
달아난다고!

＊방사方士
　신선의 술법을 닦는 사람.

며칠 전 폐하가
갑자기 곁을
지키는 내시와
근위병을 죽였대.

그럴 리가?

작년 분서에,
올해 측근들을
죽였다면
다음에는 우리 방사
차례일지도 몰라.

으악!
난 절대 죽고
싶지 않아!

노생과 후생은 목이 달아날까 전전긍긍
하며 빠져나갈 궁리에 몰두했다.

그럼 빨리
핑계를 대고
황궁을 떠나자.

후생,
무슨 얘기라도
해 봐!

폐하한테
핑계가
먹힐 거라고
생각해?

58

대신들도 조금이라도 귀에 거슬리는 말을 하면 당장 끌어내 목을 벤다고.

이런 폭군이 불로장생했다간 백성들만 비참해지지!

맞아.

쉭一

폐하가 갈수록 포악해지면 예전의 폭군과 전혀 다를 바가 없잖아?

누구냐?

방금 저리로 갔어!

헉헉

방금 우리가 한 말이 폐하 귀에 들어가면 목이 열 개라도 모자라.

삼십육계가 상책이니 빨리 도망 가세!

다음날 염탐꾼은 노생과 후생의 대화를 진시황에게 일러바쳤다.

어젯밤에 소인이 여차 여차한 얘기를 들었습니다.

이런 죽일 놈들!

이놈들이 내 황궁에 기거하고 내 돈을 쓰면서 감히 날 욕해?

배은망덕한 그 두 놈을 당장 잡아 와라!

예!

잠깐만!

어사에게 샅샅이 조사해 그들의 패거리를 전부 잡아들이라 일러라!

옙!

어사는 진시황의 명에 따라 이들과 조금이라도 관련된 자들을 모두 찾아내 옥에 가두었다.

정말 억울합니다! 저는 유생이지 방사가 아닌데 왜 절 잡아 가십니까?

네놈이 그 방사와 어울려 다닌다는 얘길 들었다!

왈왈

왜 죄 없는 제 아들을 잡아가세요?

모두 460명을 잡아들였습니다. 처분을 내려 주십시오.

음

어사, 진나라의 법률에 따르면 이들에게 어떤 처벌을 내려야 하느냐?

참수형 입니다.

유언비어로 백성을 홀리고 불측한 마음을 먹은 이들에게 참수형은 너무 가볍다!

분이 풀리지가 않는다고!

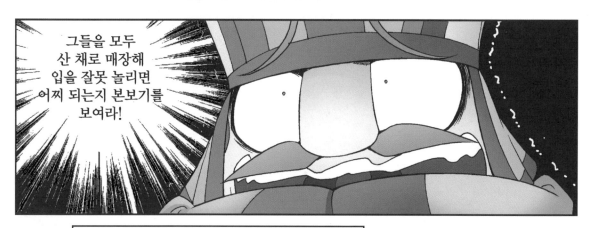

그들을 모두 산 채로 매장해 입을 잘못 놀리면 어찌 되는지 본보기를 보여라!

기원전 212년, 진시황은 죄인 460명을 모두 함양성에 산 채로 매장했다. 역사에서는 이를 '갱유'라고 부른다. 진시황의 '분서갱유'는 그의 강력했던 통치 권력을 여실히 보여주는 사건이라 할 수 있다.

진시황의 유조를 몰래 위조하다

기원전 210년, 진시황은 동남 지역으로 순행을 떠났다가 돌아오는 길에 몸져누웠다. 이때 작은아들 호해와 승상 이사, 내시 조고가 그를 수행했다.

부황, 병환은 좀 어떠십니까?

짐의 병이 점점 더 위중해지는구나.

부황의 병환은 곧 좋아질 것이니 염려 마십시오.

아니다. 짐은 이제 틀렸다.

다른 생각은
하지 마시고
편히 쉬십시오.

당장 조고를
불러다오. 짐이
할 말이 있다.

후다닥

폐하,
무슨 일로 저를
찾으셨습니까?

기운 없으니
빨리 적어.

조고,
짐의 유지를
전하겠다.

짐 사후에 부소가
제위를 잇고 군사
대권은 몽염에게
맡겨라.

신 명심
하겠습니다!

기원전 210년 7월, 진시
황은 향년 50세로 파란
만장한 생을 마감했다.

부황!!
엉엉······

이 승상, 이제 어찌하면 좋겠소?

황상께서 갑자기 돌아가시고, 부소 공자는 멀리 상군에 있어서 당장 제위를 이을 수 없습니다.

이 틈을 타 누군가 반란을 일으킨다면 큰 일입니다!

승상의 뜻은 ……

조고, 당장 부소 공자에게 사람을 보내 황상의 유지를 알리시오. 지체돼선 안 되오.

예!

일단 발상을 하지 말고 부소 공자가 함양으로 돌아오면 다시 논의하시죠.

좋은 생각이오.

가만……

하지만 조고는 유조를 보내지 않은 채 이런 저런 고민에 빠졌다.

만일 부소가 황제가 되면 척결 대상 일 순위는 바로 나란 말이야.

그렇다면 부소를 없애는 방법밖에 없어.

조고는 즉시 호해를 찾아갔다.

고~옹~자!

조 대인……

늦은 시간에 어인 일이오?

쉿!

공자님은 황제가 되고 싶지 않습니까?

그게 무슨!

속마음을 말해 보시지요.

물론 되고 싶소!

하지만 이 승상이······

염려 마십시오. 제가 그를 우리 편으로 끌어 들이겠습니다.

조고는 호해의 의중을 확인한 후 다시 이사를 찾아갔다.

유조는 보냈소?

실은 그 일 때문에 승상을 찾아왔습니다.

승상은 누가 황제가 되는 게 낫다고 생각하십니까?

제위는 이미 결정됐는데 그건 어찌 물으시오?

헉, 당신 설마 ……

유조와 옥새가 모두 제 손에 있으니 황제는 우리가 결정할 수 있습니다!

뭐라고? 어찌 그런 말을 함부로 내뱉으시오?

묻겠는데, 승상의 공이 몽염과 비교가 됩니까?

비교가 안 되오.

그럼 부소와의 관계가 그보다 친밀하십니까?

당연히 아니오.

확인 사살 하지 마라.

부소가 제위에 오르면 과연 누가 승상 자리에 앉을까요?

아!

천자가 바뀌면 신하도 바뀐다는 말을 아시잖습니까?

부귀영화와 비참한 죽음 중 어떤 길을 선택하시겠습니까?

마음이 정해지면 저를 찾아오십시오!

저, 저기 ……

조고의 반협박 조에 이사는 결국 호해의 제위 찬탈을 돕기로 결정했다. 이에 세 사람은 함께 모여 거짓 성지와 유조를 새로 작성했다.

상군

엉엉……

부소 공자, 무슨 일이십니까?

체통을 좀…

몽염 장군, 이건 부황께서 내게 보낸 성지요.

이상하군요. 폐하께서는 늘 공자를 아끼셨는데 이런 사소한 일로 자결을 명하다니요?

황제에 오를 줄 알았는데.

황제의 명이라 거역할 수 없소!

부소는 여러 차례 상소하여 조정을 비방하고 불효를 저질렀으니 자결을 명한다!

많은 병사들이
부황의 시체 썩는
악취를 맡은 것
같소.

시간이 지나면
폐하가 돌아가신
일을 모두가
눈치챌 텐데.

급한 대로 더
악취가 나는
것으로 냄새를
가려야겠습니다.

덜컹

덜컹

역겨워
죽겠어!

멀쩡한 폐하께서
왜 절인 생선을
드시려고 하지?

수레에 한가득
실려 있다고.
내 평생 절인
생선을 먹나 봐라!

냄새가
너무 심해서
난 오늘 밥도
못 먹었다고.

이때 부소가 부황의 명을 거역하지 못하고 결국 자결했다는 소식이 전해졌다.

형님이 자결했다고? 그거 정말 확실한 정보요?

확실합니다. 제가 보낸 사자가 그의 시체를 직접 확인했답니다.

헤헤, 그거 잘됐구려.

착착 진행되고 있습니다.

기원전 210년, 호해는 함양으로 돌아와 조고, 이사의 도움으로 황제에 올랐다. 그가 바로 진이세이다.

조고, 짐이 황제가 됐으니 이제 모두 내 세상이오!

폐하, 아직 방심해서는 안 됩니다.

그게 무슨 말이오?

폐하의 형제자매들이 유조에 의심을 품고 있습니다.

이들은 마음속에 불만이 가득해 틀림없이 반란을 일으킬 텐데, 폐하께서 편안히 향락을 누릴 수 있을까요?

그럼 어쩌면 좋소?

모두 죽여 버리면 간단합니다.

짐의 형제자매들이 모반을 꾸몄으니 모두 사형에 처하라!

이에 공자 12명이 함양 거리에서 참수형을 당했고, 공주 10명은 두현에서 사지가 찢기는 형벌을 받았다.

며칠 후

많은 대신들이 폐하를 지지하지 않아 혹여 난리가 일어날까 심히 염려됩니다.

좋은 생각 있으면 말해 보시오.

이번에도 그들을 모두 죽여야 합니다.

알겠소. 그 일은 그대가 알아서 처리 하시오!

곧 이어 조고에게 불만을 품은 몽염, 몽의 등 대신 들이 사형을 당하고 재산 은 모두 몰수되었다.

호해 즉위에 큰 공을 세운 이사 역시 조고 의 마수를 피해갈 수 없었다.

내가 그때 부귀영화를 좇지 않고 순리대로 따랐다면 오늘 같은 재앙은 없었을 텐데!

최초의 농민 봉기를 일으킨 진승과 오광

기원전 209년, 진승과 오광은 둔장에 임명돼 장정 9백 명과 함께 어양을 방어하러 떠났다.

진승, 얼마나 더 가야 돼?

대략 2개월쯤?

어양에 도착하기도 전에 쓰러져 죽겠어.

거기 오광, 구시렁거리지 말고 빨리 길을 재촉해라!

때는 장마철이라 그들 일행이 대택향에 이르자 폭우가 쏟아졌다.

이쪽 길은 모두 물에 잠겼어.

언제 날이 갤지도 모르겠고.

정해진 기한에 꼭 어양에 도착하길 바라야지.

며칠 후

비가 그칠 기미가 안 보여. 아무래도 제때 도착하긴 글렀는걸.

기한을 어기면 목이 달아날 텐데, 우리 그냥 도망치자!

도망치다 잡혀도 목이 달아난다고.

반란을 말로만 일으킬래? 무슨 좋은 생각 없어?

음, 그럼 좀 더 생각해 보고 이따가 밤중에 다시 얘기하자.

에잇, 이래도 죽고 저래도 죽는 거라면 반란을 일으키자. 혹시 살길이 있을지도 모르잖아!

지금 황제는 제위를 찬탈하려고 형인 부소를 죽여서 민심을 크게 잃었어.

그렇지.

또 초나라가 망한 후 대장 항연의 종적이 묘연해서 다들 그를 그리워하고 있고.

네 말은 부소, 항연의 기치를 내걸자는 거야?

그래. 그럼 세상 사람들이 우리를 지지할 거라고.

나한테 사람들의 마음을 움직일 좋은 방법이 있긴 한데……

오늘은 생선 요리나 배불리 먹자고.

이튿날

어? 물고기 배 속에 웬 흰 천이지?

어서 꺼내 보게!

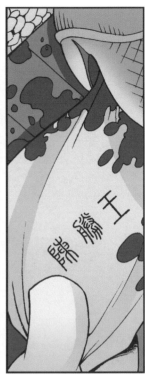

진승왕? 설마 진승이 황제가 된다는 말인가?

쉿, 허튼소리 하다가 목이 달아나려고 그래?

거기 왜 그렇게 소란스러워?

아무 일 아닙니다.

헤헤, 계획이 척척 맞아 떨어지는군.

그날 밤 진승과 오광은
또 한 가지 꾀를 냈다.

히히히……

무슨
소리지?

꼭 여우
울음소리 같아.
어휴, 무서워!

대초大楚가
흥하고
진승이 왕이
된다!

히히히

헉!
방금 들었어?

여우가
사람 말을
하다니!

요 며칠 기괴한 일이 모두 진승과 관련 있었지?

맞아. 또 어떤 기이한 일이 벌어질지 몰라.

진승은 평소에 사람 좋기로 소문났잖아.

응, 진승은 어쩌면… 하늘이 보낸 신선이 아닐까?

자, 건배!

날마다 골칫거리 백성을 다루느라 고생했는데 오늘 진탕 마셔 보자고!

지금 저놈들을 없애야겠다!

누구냐?

접니다요.

오광, 밖에 숨어서 뭘 했느냐?

저희가 어양에 도착해도 늦을 게 뻔하니 자비를 베푸셔서 저희를 집으로 돌려보내 주십시오!

죽으려고 환장했구나!

주제도 모르는 놈! 그냥 여기서 죽여주마!

어디 한 번 더 지껄여 봐! 네 머리통을 이 술독처럼 만들어 줄 테니까!

82

방금 군관들에게 제때 어양에 도착하기 어렵다는 말을 하는데 갑자기 나를 죽이려 했소.

기한을 어기면 목이 잘린 다면서?

맞네.

기한을 어겨도, 대오를 이탈해도 죽는다면 장렬하게 전사하는 게 낫지 않겠소!

우리가 어떻게 해야 장렬해 지는 거요?

권력을 쥔 자들이 우릴 핍박하는데, 왜 우린 이를 운명 으로 받아들여야만 합니까?

우린 핍박받기도, 운명을 인정하기도 싫다!

운명은 바로 우리 손 안에 있으니 우리 힘으로 운명을 개척합시다!

형제들이여, 우리 함께 백성을 괴롭히는 나쁜 놈들을 죽입시다!

모두 진승을 따르자!

그래, 그래.

자손들에게 이런 고통을 대물림할 수는 없지 않습니까!

옳소!

진승과 오광은 봉기 선서를 하는 단을 쌓고 초나라 깃발을 내걸었다.

우리 모두 한마음 한뜻이 되어 어리석은 임금을 몰아내기로 하늘에 맹세합시다!

한마음 한뜻으로 몰아내자!

진승과 오광이 기의*했다는 소식이 전해지자 농민들이 대거 가담하여 기의군은 순식간에 대택향과 진현을 점령했다.

장로 여러분들이 어쩐 일이십니까?

다들 장군의 공이 가장 크다는 데 아무런 이견이 없었습니다.

과찬이십니다!

백성을 위해 생사를 넘나들고 포악한 군주를 토벌하는 위대한 분은 마땅히 왕을 칭해야 합니다.

맞습니다!

기원전 209년, 많은 사람의 지지 아래 진승은 왕에 오르고 국호를 '장초張楚'라 정했다. 그러나 진승은 왕이 된 후 성격이 포악하고 교만해져 기의는 6개월 만에 실패로 막을 내렸다.

*기의起義
의병을 일으킴.

유방이 단칼에 백사를 베다

기원전 209년, 패현 정장 유방은 진시황의 여산 능묘를 수리할 죄수 백 명을 압송해 함양으로 떠날 채비를 했다. 출발 하루 전, 친구인 소하와 조참이 송별연을 베풀어 주었다.

이번에 가면 언제 돌아올지 모르니 집안일은 두 분이 잘 맡아 주시게!

전란으로 세상이 어수선하고 도적이 창궐하고 있으니 조심하십시오!

소하 말이 맞습니다. 며칠 전에 또 괴이한 일이 벌어졌어요.

조참, 그래 무슨 괴이한 일인가?

하늘에서 흑백으로 된 큰 돌이 떨어졌는데, 거기에 "시황제가 죽고 땅이 나뉜다"고 쓰여 있었답니다.

목소리 낮추게나.

숨 막혀!

그런 일은 신경 쓰지 말고 술이나 마시자고!

날이 어두워졌으니 이 객잔에서 쉬었다 가자.

날 밝은 뎁쇼.

어, 그런데 어째서 열 명이나 모자라지?

황릉 축조가 세상에서 가장 고된 일이어서 황릉 지하에 죽은 사람 뼈가 한 무더기나 묻혀 있대.

그럼 우리 지금 죽으러 가는 거야?

우리도 도망갈 방법을 찾아보자!

그래!

밤 사이
도망을
가다니!

또 세 명이
부족하네.
이거 큰일인걸.

다들 도망가는데
나만 남아 있으면
바보지.

진나라 법률에 죄수가
달아나면 압송하는
자가 사형에 처해
지는데 어쩌지?

며칠 후

빨리 술 내오라고!

골치 아픈 일은 모조리 잊고 취할 때까지 마셔 보자.

대인, 오셨습니까?

오~냐. 사람들을 모두 불러 주게나.

명을 받고 너희들을 압송하는데 중간에 너무 많이 도망가서 함양에 도착하면 모두 사형에 처해질 것이다!

기분이닷!

그러니 모두 달아나거라. 나 하나만 죽으면 됐지, 너희까지 죽을 필요는 없다.

와! 자유다!

얼레? 뭐지 이건?

우릴 위해 희생 하시다니!

대인이 이렇게 의리가 있으신데 우리만 꽁무니를 뺄 수 없다!

어차피 목숨은 하나니 죽어도 함께 죽자고!

저희는 모두 대인을 따르겠습니다!

이제 우리는 어디로 가죠?

근처 망탕산 산세가 험하니 잠시 그리로 가서 몸을 피하자.

유방은 수하들을 이끌고
망탕산으로 들어갔다.

통행료를
내지 않으면
아무도 지나가지
못한다!

누가 감히
나 유방이
가는 길을
막느냐?

소인 기신*,
은인이 오신 줄도
모르고 무례를
범했습니다!

와,
이제 보니
기신이군!

* 기신紀信
한나라의 무장. 훗날 항우의 군사에게 포위당한 유방을 도망치게 한 후 살해되었다.

92

이렇게 차려입으니까 전혀 모르겠는걸. 목소리까지 기품이 넘치고 말이야!

놀리지 마십시오. 아무튼 제 근거지에 오셨으니 최선을 다해 모시겠습니다.

대인, 기신은 어떻게 알게 된 사람입니까?

전에 기신의 부친이 중병에 걸렸는데 의원을 찾아갈 돈이 없어서 강도질을 하다가 나에게 붙잡혔지.

전 당연히 옥에 갇힐 줄 알았는데 은인께서 사정을 아시고 풀어 주셨죠.

그만하게. 하하!

나중에 제가 실수로 사람을 죽였을 때도 법대로는 사형이었지만 다행히 은인 덕에 목숨을 보전했어요.

허허, 별일도 아닌 걸 자꾸 떠벌리는군.

유방은 망탕산에 자리 잡고 기신과 함께 도적패가 되어 재물을 약탈했다. 기신은 유방의 은혜를 갚기 위해 두목 자리를 그에게 내주었다.

그건 바로
……

사람들을 더 많이 모을 수 있는 좋은 방법이 생각났습니다.

그래? 말해 보게나!

와, 정말 큰 뱀이다!

백사?!

백사는 세상에서 가장 희귀한 뱀이라 신령이 몸에 붙어 다니니 돌아서 가는 게 좋겠어.

그래 봤자 뱀인데 뭐가 두렵다고. 내 칼을 받아라!

조… 조심하세요!

멈추시오!

뱀이 사람 말을 하네?

살려주라. 좀!

날 죽이지 않으면 당신이 천하를 차지하도록 돕겠소.

곧 죽을 놈이 말이 많구나!

네가 내 머리를 베면 너의 머리를 자르고, 내 꼬리를 베면 너의 다리를 자르겠다!

그럼 네 몸통을 베겠다!

내 목숨을 돌려줘라, 내 목숨을 돌려줘라!

이 백사는 요괴가 틀림없다. 몸이 두 동강이 나고도 말을 하다니!

95

다음날

어디서 우는
소리 안 들려?

꽤 슬픈
울음소린데
……

아이고,
아들아!
엉엉……

할머니, 왜
그러세요?

내 아들이
죽었단다.
엉엉……

불쌍한
내 아들.
엉엉……

구름을 탔어!
헐~

어제 내 아들이
뱀으로 변해 여기서
잠을 자고 있다가
적제*의 아들에게
죽임을 당했어!

헉!

*적제赤帝
본래 오방신장五方神將의 하나로 여름을 맡아보는 남쪽의 신. 한나라 또는 한 고조 유방을 상징하기도 함.

96

어제 대인이 여기서 백사를 죽였고, 백사는 저 할머니의 아들이니, 그렇다면……

설마 유방이 적제의 아들?

오, 그 얘기 괜찮은데!

이 이야기가 퍼져 나가면 망탕산은 우리에게 의지하는 사람들로 넘쳐날 겁니다!

자네 정말 대단해!

몇 개월 후

자칭 여씨라는 여인이 아이 둘을 데리고 와 대인의 부인과 아이라 말하고 있습니다.

빨리 그들을 데리고 와라!

97

여보!

여긴 어떻게 알고 찾아왔소?

아빠!

아빠!

당신이 죄인을 놓아 주었다는 얘길 듣고 현령이 크게 노해 우리를 옥에 가두었는데,

소하 대인이 몰래 우리를 풀어 주면서 이곳으로 당신을 찾아가라고 알려 주었어요.

이제 아무 일 없을 테니 걱정 마시오!

가족까지 내 곁에 있으니 더는 거리낄 것이 없다. 이제 마음 놓고 큰일을 도모하리라!

기원전 209년 9월, 유방은 무리를 이끌고 기의하여 진나라 말기 농민 봉기 대열에 합류했다. 그가 바로 훗날 한나라를 세운 고조이다.

조고가 사슴을 가리켜 말이라고 우기다

지록위마指鹿爲馬
사슴을 가리켜 말이라고 함. 윗사람을 농락하여 권세를 휘두르는 경우를 이른다.

조고는 진이세 호해가 제위를 찬탈하도록 도운 후 권력을 독점하고 자기에게 반대하는 사람들을 죽이기 시작했다.

호해가 정사에 관심이 없다 해도 실권을 손에 쥐고 있으면 귀찮은 일이 많아진다.

염락

조고

염락, 무슨 좋은 방법 없을까?

기회가 왔다.

장인어른이 호해를 제거할 마음이 있다면 먼저 조정 대신 중 누가 황제를 지지하는지 알아야 합니다.

제게 한 가지 방법이 있긴 한데…

빨리 말해 보게나.

진나라 궁궐

질
질
질

신이 최근에 보마를 얻어서 폐하께 바치려 합니다.

오, 빨리 끌고 와 보여 주시오.

승상이 잘못 안 것 아니오? 이건 분명 사슴인데.

??

자세히 보십시오. 이건 분명 천금을 주고도 얻기 힘든 천리마입니다!

그런데 말 머리에 왜 뿔이 달렸지?

보면 모르겠냐?

그렇다면 대신들에게 이것이 말인지 한번 물어 보십시오!

제가 어찌 감히 폐하를 속이겠습니까?

이건 분명 사슴인데 조 승상이 왜 말이라고 우기지?

설마 조 승상이 이를 빌미로……

조고가 평소에 뒤에서 자주 수작을 부리더니 이제는 아예 대놓고 날뛰는구나.

사슴을 가리켜 말이라고 하면서 몰래 충성심을 시험하다니.

폐하 편을 들어야 하나, 조고 편을 들어야 하나?

다들 줄 똑바로 서라고!

폐하 편에 서면 목숨을 잃고, 조고 편에 서면 양심에 부끄러우니 차라리 모른 척하자.

이것은 말이 확실합니다.

아닙니다. 이건 사슴이 분명합니다.

말? 사슴?

확실히 사슴이 맞느냐?

임금을 속인 죄는 사형에 처해지는데 ......

신이 눈이 침침해 말을 사슴으로 잘못 보았습니다. 용서해 주십시오!

그런데 짐의 눈에는 왜 이것이 사슴으로 보이는 거요?

이것의 사지와 치아를 자세히 보면 천리마가 확실합니다.

잘들 논다!

승상의 말이 옳습니다. 이건 말입니다!

내 눈에 문제가 생긴 건가?

* 장한章邯
　진 말기의 장수. 농민 반란을 진압하는 데 큰 공을 세웠지만 조고의 핍박을 받아 항우에게 투항했다.

장한은 자나깨나 제위를 찬탈할 마음을 먹고 있다고 말씀드리지 않았습니까. 이는 그가 도적들과 타협한 게 분명합니다.

일이 그렇게 된 거군.

큰일 날 뻔했다!

짐이 승상을 오해했구려.

아닙니다!

승상부

황상이 나에게 의심을 품기 시작 했으니 계획을 앞당겨 시행하자.

염려 마십시오. 확실히 일을 처리하겠습니다.

조고는 염락과 함께 정변을 일으켜 군사를 이끌고서 궁으로 쳐들어갔다.

다다다

염 대인, 무슨 일이십니까?

강도가 침입했는데 왜 궁을 막지 않는 것이냐?

궁 안팎으로 경비가 철통같아서 개미 한 마리도 들어올 수 없는데 강도가 들다니요?

내가 강도가 있다면 있는 것이다!

이게 무슨 일이래?

커억

106

아무리 소리를 질러 봐야 소용없소! 궁 안의 시위대는 내가 모두 죽였으니까.

염락!

뭐하는 짓이냐?

글쎄요. 제 손에 든 칼에게 물어 보십시오.

승상이 짐에게 불만이 있는 건 아는데, 그건 단지 오해일 뿐이다.

어딜 달아나려고?

제발 승상을 만나도록 해 주게!

승상께서 천하의 백성을 위해 나를 보내 당장 폭군을 죽이라고 명했소!

그럼 승상이 날 죽이려고······

제가 굳이 손을 쓰지 않게 알아서 자결하시지요!

그때 내가 귀신에게 홀려서 형을 죽인 벌을 지금에야 받는구나!

기원전 207년, 호해는 염락의 협박으로 스스로 목숨을 끊었다.

어떻게 됐나?

성공입니다!
확실히 호해를 죽였느냐?
얘도 참 믿음이 안 가.
제 눈으로 그가 죽는 것을 똑똑히 지켜봤다고요.
이튿날
수근 수근
웅성 웅성
폐하께서 귀신에 씌어 정신이 혼미한 상태에서 어젯밤 스스로 목숨을 끊으셨소.
그가 등극한 이후 오만방자하기 그지없고 목숨을 초개*같이 여기는 모습을 모두 똑똑히 지켜보지 않았소!
하늘도 이런 그의 소행을 못마땅하게 여겨 그를 일찍 데려간 것이오!
난 왜 이리 말도 잘 할까!

* 초개草芥
'지푸라기'라는 뜻으로, 매우 하찮은 것을 비유적으로 이르는 말.

새 황제를 뽑는 것에 대해 대신들의 의견을 듣고 싶소!

그건……

내게 아직 무르익지 않은 생각이 있는데, 한번 들어 보시오.

폐하의 형제자매들이 모두 세상을 떠나서…

설마 자기가 황제에 오르려고…

지금 중임을 맡을 만한 인물은 폐하의 조카인 자영子嬰밖에 없소.

현명하신 판단입니다!

기원전 207년, 호해의 조카인 자영이 제위를 계승해 진나라의 3대 황제에 올랐다.

110

항우의 이름을 알린 거록 전투

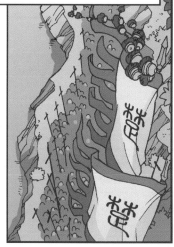

기원전 208년, 조왕 헐은 거록巨鹿에서 진나라 장수 장한과 왕리王離에게 포위당하자 초왕에게 구원을 요청했다. 이에 초왕은 송의宋義를 대장, 종군을 자청한 항우를 부장으로 삼아 거록으로 파견했다.

항우, 막강한 진나라 군대와 정면대결을 펼쳤다간 승산이 전혀 없네.

송의

항우

제 숙부가 장한의 칼에 죽었으니 반드시 원한을 갚고야 말 것이오!

복수하려는 맘은 십분 이해하지만 나까지 저승길로 끌어들이지는 말게.

송 장군, 전쟁도 치르기 전에 사기를 꺾는 말은 병가에서 크게 꺼리는 바입니다.

범증

범증, 어디서 감히 훈계냐?

바른 말을 해도 난리야.

우리가 황하를 건너 진나라 군대를 포위하고 조왕 헐과 안팎으로 호응한다면 일거에 승리할 수 있소.

아니, 지금은 싸울 때가 아니라고.

조왕 헐과 진나라의 싸움을 지켜보다가 양쪽이 모두 지치면 그때 출격하면 되네.

진나라가 조나라를 멸하면 군사력이 더욱 강해져 치기가 더 어려워지오.

맞습니다.

내가 대장이니 내 뜻에 따라야지.

이......

한 주먹거리도 안 되는 놈이!

전쟁터에서 싸우는 건 내가 그대만 못하지만 계책을 세우는 건 내가 더 나으니, 내 말을 따르라!

2개월 후

여기서 꼬박 46일을 허송세월했네. 송 장군은 대체 무슨 생각인 거야?

매일 술 마시고 놀기나 하니 원. 싸우러 온 건지 놀러 온 건지 모르겠어!

군량도 모자라는데 송의는 매일 진수성찬을 즐겨서 병사들의 불만이 높아지고 있어.

진나라 군대 얘기만 나오면 벌벌 떠는 게 무슨 장군이야?

오늘은 꼭 출병하도록 할 테다!

내가 왜 자네 말을 들어야 하지? 능력 있으면 날 죽이고 군대를 출동시키라고!

이……

네가 자초한 일이니 날 원망하지 마라!

으악!

송 장군이 투항하려다가 항 장군에게 살해당했대.

송 장군은 역적이 아닌 게 이상해. 분위기 좋은 군영을 엉망진창 으로 만들었잖아.

맞어!

항우가 송의를 살해하고 군권을 손에 넣자 병사들은 쌍수를 들고 환영하며 항우를 따랐다.

114

진나라 군대는 30만인데 우린 고작 3만이라 중과부적*인 상황이오.

일단 실패하면 죽음뿐이고 돌아갈 길도 없소이다.

왕리의 군대는 거록을 포위 공격하고 장한은 원군을 막고 있으니, 이 완벽한 조합을 깨기가 여간 쉽지 않소.

포위를 뚫으려면 반드시 왕리와 장한의 연결을 끊어야만 합니다.

지금은 속공을 펼쳐 저들이 손쓸 수 없는 틈을 노립시다!

그럼 내일 영포**를 보내 적진을 공격하고 상황을 지켜 봅시다!

* 중과부적衆寡不敵
　 적은 수로 많은 사람을 이기지 못함을 이른다.
** 영포英布
　 경포黥布라고도 함. 처음에 항우를 따랐지만 후에 유방에게 귀순해 항우를 물리쳤다.

며칠 후

영포 장군이 승리를 거두고 적의 양초*를 불살랐습니다!

오, 잘됐구나! 잘했어.

이는 장한과 왕리 군대의 호응에 문제가 발생했다는 말인데.

장한의 군대가 연전을 치르느라 피로가 극에 달한 게 분명합니다.

이 틈을 노려 저들을 공격한다면 충분히 승산이 있을 것이오.

그거 좋겠습니다.

탁!

먼저 장한의 군대부터 공격한다!

* 양초糧草
군사가 먹을 양식과 말을 먹일 꼴을 통틀어 이르는 말.

황하

물가에 다다르면 배에 구멍을 내 모두 침몰 시켜라!

예!

모든 병사들에게 사흘치 비상식량만 지급하라!

예!

어, 왜 밥 짓는 솥을 다 부수는 거지*?

쨍강

* 파부침주破釜沈舟
솥을 깨뜨리고 배를 가라앉힌다는 뜻으로, 결사의 각오로 적과 싸우겠다는 결의를 나타낸 말.

117

군막마저 불사르면 더 이상 퇴로가 없으니 모두 목숨을 걸고 싸울 거야!

이번 결전에서 우리는 꼭 승리하게 될 것이다!

싸우다 죽더라도 절대 물러서지 말자!

118

진나라 군영

장 장군, 항우가 대군을 이끌고 쳐들어옵니다.

적을 맞을 준비를 하라!

장한

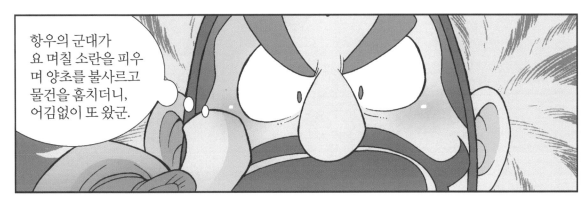

항우의 군대가 요 며칠 소란을 피우며 양초를 불사르고 물건을 훔치더니, 어김없이 또 왔군.

이번에도 우리가 소란을 피우러 온 줄 알고 황급히 나오느라 그렇소.

장한의 군대가 어수선하군요.

둥둥둥

돌격!

와와~

큰일 났습니다! 장한의 군대가 항우에게 패했습니다.

왕리

소각, 정확한 정보냐?

항우의 대군이 이쪽으로 쳐들어 오고 있습니다!

예, 왕리 장군. 장한은 잔여 부대를 이끌고 이미 도망 쳤습니다!

뭐라고?!

왕리는 급히 군사를 이끌고 맞서 싸웠지만 사기가 충천된 항우 군대를 막아 내기에는 역부족이었다.

장 장군, 소각이 전사하고 왕리가 포로로 잡혔다고 합니다!

뭐?

구원병이 오면 내 항우와 결사전을 벌이겠다!

항우, 이놈!

폐하께서 증병을 거부하셨습니다.

장군, 일이 잘못됐습니다!

사마흔, 왜 그러느냐?

대체 몇 번째냐?

뭐라고?

승상이 말하길, 병권을 쥔 장군이 나라를 지킬 생각은 하지 않고 제위를 찬탈할 마음만 가득하다고 모함하자

헉!

폐하께서 장군이 모반한다고 여겨 병력 증원에 동의하지 않았습니다.

폐하의 눈에는 나도 반군 장수와 똑같이 비춰졌겠구나.

이제 폐하를 위해 목숨 걸지 말고 그냥 투항하십시오!

아……

승상이 절 죽이려 했지만 다행히 몸만 빠져나와 살아서 장군을 뵙게 되었습니다.

거록 전투에서 진나라 주력부대가 무너지면서 팽팽하던 전세는 마침내 반진 연합군 쪽으로 기울었다. 한편 항우는 6만 군사로 20만 대군을 격파하여 반진 세력의 최고 실력자로 자리매김했다.

122

진 下

진
下
秦

인물소개

유방劉邦

한 고조高祖. 진나라 때 사수泗水 정장亭長을 지냈고, 패沛 땅에서 기병해 패공沛公이라 불렸다. 진나라가 망한 후 한왕漢王에 봉해졌고, 이후 초한 전쟁에서 서초패왕 항우를 물리치고 서한의 개국 황제가 되었다.

항우項羽

고대의 걸출한 군사가이자 정치 인물. 진나라 말기에 회계에서 기의한 후 거록巨鹿 전투에서 진나라 주력 부대를 대파했다. 진나라 멸망 후 스스로 서초패왕西楚覇王에 올랐다. 중국사에서 가장 용맹한 장수로 손꼽히며 '패왕'은 곧 항우를 가리킨다.

번쾌樊噲

서한의 개국공신으로 벼슬은 대장군, 좌승상에 올랐다. 여후의 매부가 되어 유방과 여후의 두터운 신임을 받았다.

한신韓信

서한의 개국공신. 중국의 위대한 군사 전략가이자 군사 이론가이다. 모략으로 전쟁을 승리로 이끄는 데 능해 훗날 병선兵仙, 전신戰神으로 추앙받았다.

장량張良

자는 자방子房으로 한 고조 유방의 책사이다. 뛰어난 정치가이자 군사가로 한나라의 개국공신 중 한 명이다.

진평陳平

서한의 개국 공신. 뛰어난 모략가이다.

소하蕭何

젊었을 때 패현 옥리獄吏를
지내다가 진나라 말에
유방을 도와 기의했다.
여러 차례 유방에게
계책을 올려 항우를
물리치는 데 공을
세웠고, 한나라 건립에
결정적인 역할을 했다.

범증范增

항우의 책사로 항우는
그를 존경해
'아부亞父'라고 불렀다.

이좌거李左車

조나라 명장 이목의 손자.
진나라 말에 육국이 모두
기의하자 조왕 헐을 도와
혁혁한 공을 세워
광무군廣武君에 봉해졌다.

진여陳餘

위나라의 명장. 진나라 말기 기의군
장수 중 하나로 훗날 한신에게
패하고 전사했다.

우희虞姬

서초패왕 항우의 애첩.
사료에 따르면 우희는
얼굴이 아름답고 검무를
잘 추었다고 한다.

전횡田横

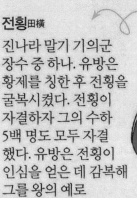

진나라 말기 기의군
장수 중 하나. 유방은
황제를 칭한 후 전횡을
굴복시켰다. 전횡이
자결하자 그의 수하
5백 명도 모두 자결
했다. 유방은 전횡이
인심을 얻은 데 감복해
그를 왕의 예로
장사지내 주었다.

유방이 약법삼장을 반포하여 민심을 얻다

기원전 206년 10월, 유방은 대군을 이끌고 관중으로 쳐들어가 함양성 밖 패상에 주둔했다. 그는 육가陸賈를 사자로 보내 진왕 자영에게 투항을 권했다.

주공, 진왕이 내일 성을 나와 항복하기로 약속했습니다.

육가, 정말 수고했네!

잔혹한 진나라가 드디어 망하는구나!

엉엉, 1천 5백 년을 이어온 진나라의 기업이 내 손에서 무너지다니……

폐하……

조상님들께 죽을죄를 지었습니다!

자영은 옥새와 부절을 바치며 항복을 청했다.

망나니 황제 놈아, 죽어라!

번쾌, 멈춰라!

아, 놀래라.

이미 항복한 진왕에게 무례하게 무슨 짓이냐!

흥!

함양궁에 입성한 유방의 군사들은 금은보화와 미녀를 약탈하느라 여념이 없었다.

이건 내 거야!

내가 먼저 찜했다고!

황궁은 정말 멋진 곳이구나! 오늘은 여기서 머물러야겠다!

형님은 천하를 차지하고 싶습니까?

갑자기 그건 왜 물어?

천하 제패의 대업을 미뤄 두고 향락을 즐기려면 백만장자면 족합니다!

형님이 황궁에 머문다면 진나라 폭군과 다를 게 뭐가 있습니까!

감히 어디서 훈계냐? 빨리 꺼지지 못해!

소하나 장량이 간언을 했다면 형님이 금방 말을 들었을 텐데.

번 장군, 무슨 일인데 안색이 그리 안 좋으시오?

장량 대인!

장량

마침 잘 오셨습니다. 빨리 우리 형님 좀 설득해 주십쇼.

그런 일이 있었군요.

장군은 좋은 맘으로 드린 얘긴데 말이 너무 솔직해 주공이 듣기 불편했나 봅니다.

하하, 제가 말주변이 없어서.

주공을 설득하는 일은 제게 맡기고 이만 돌아가십시오.

형님을 대신해 감사드립니다!

소하 대인,
어딜 그리 바삐
가십니까?

소
하

당장 주공을 만나서
군사들의 노략질을
금지시켜야
합니다!

군사들이 재물만
보면 빼앗는 통에
백성들의 원성이
가득합니다.

이런 죽일 놈들!
그럼 도적과
다를 게 없잖아!

저도 형님에게
권했지만 씨알도
안 먹혔어요.

133

방금 장량 대인이 들어 가서 형님을 설득 중입니다.

장량이 들어갔다니 안심이 됩니다. 허허

참, 중요한 일이 하나 있으니 장군은 날 따라오시오!

승상부

이리 내놔!

내가 먼저 찜했다고!

이 문서들을 적당한 곳에 보관해 두십시오.

이 문서들은 다 무엇입니까?

진나라의 도서, 법률, 정강을 모아 놓은 문서라 이것들을 보면 천하의 상황을 파악할 수 있습니다.

병사들이 그 값어치를 모르고 쓰레기로 취급하고 있으니…

장량 대인이 빨리 형님을 설득해야 이런 난장판이 끝날 텐데 말입니다.

심각하구먼!

장량, 왔구려! 빨리 와서 이 보물들을 보시오!

진나라가 멸망한 것은 형벌이 가혹하고 황제가 향락을 탐해 민심을 잃었기 때문입니다.

음……

만약 우리도 그들과 똑같다면 진나라 전복이 무슨 의미가 있겠습니까?

주공께서는 빨리 황궁을 떠나십시오!

그대도 번쾌와 같은 말을 하는 구려. 내 생각이 짧았소.

장수와 병사들은 모두 패상으로 돌아간다!

예!

여봐라, 약탈한 물건을 모두 돌려 주고 황궁을 폐쇄하도록 하라!

다음날, 패상

부근 현성의 장로들이 찾아왔습니다.

얼른 그들을 모셔라!

다들 진나라의 법률에 고통받았는데 지금 진나라가 망했으니 법률도 자연히 폐지할 것이오.

내가 이곳을 관리하는 동안 법률 세 개를 반포할 테니 다들 따라주길 바라오.

살인한 자는 사형에 처하고, 사람을 상해한 자와 도적질한 자는 그에 상응하는 벌을 내릴 것이오!

현명하신 결정입니다!

유방의 위와 같은 약법삼장約法三章이 반포되자 함양의 백성들은 크게 기뻐하며 유방을 반겼다.

아오, 목 아파.

살인자는 사형, 상해 입힌 자와 도둑은 그에 상응하는 벌을 내린다!

며칠 전에 패공의 군대가 극악무도하게 노략질을 했다더니, 다 거짓말인가 봐!

지금은 다들 그 군대를 칭찬한다고.

백성들이 음식을 보내 군사들을 위로하고 있습니다.

그래? 내가 나가 보겠다.

여러분들의 호의는 고맙지만 군량이 아직은 넉넉하니 식량을 거두어 주십시오.

하……

백성을 자식처럼 아끼는 패공에게 존경심이 절로 들지 않아?

더 이상 마음 졸일 일이 없어져서 정말 다행이야!

패공의 군대가 계속 머문다면 정말 좋을 텐데.

패공이 관중의 주인이 된다면 더는 고통받을 일도 없을 거야.

정말 대단합니다. 어딜 가나 다들 우리에게 엄지 손가락을 치켜 세우고 있어요!

진나라는 인심을 크게 잃었고 주공은 인심을 크게 얻었으니 둘을 비교 하면 자연히 우리 편이 되는 것이지요!

이때 어떤 이가 패공을 찾아와 유세를 펼쳤다.

관중은 부유한 데다 지세가 매우 험해 반드시 선점해야 하는 땅입니다.

관중이라 ......

군사를 함곡관에 배치하고 다른 군대가 들어오지 못하도록 막으십시오.

꼭 그럴 필요가 있을까 ......

항우가 투항한 장한을 옹왕에 봉해 관중왕으로 삼는다고 합니다.

아니, 어떻게 그런 일이?

장한이 관중으로 들어오는 날이면 관중은 그의 차지가 됩니다.

내가 고생고생해서 얻은 관중을 남의 손에 바친다는 건 결코 말이 안 된다!

당장 함곡관에 군사를 보내 지키도록 해야겠다!

유방은 정예병 5천을 함곡관에 보내 지키게 하고 관중을 차지할 꿈을 꾸었다. 하지만 이 일로 항우의 불만을 사 훗날 '홍문의 연회' 사건이 일어나는 발단이 되었다.

장량과 범증의 대결, 홍문의 연회

기원전 206년, 항우는 유방이 관중을 독점한 것에 불만을 품고 함곡관까지 곧장 쳐들어가 홍문鴻門에 주둔하며 유방의 군대와 멀리서 대치했다.

장군님, 서신이 도착했습니다.

음.

뭐라고 쓰여 있나요?

유방이 관중에서 왕을 칭하고 자영을 승상에 봉했다는 조무상曹無傷의 편지요.

유방이 전에는 재물과 미녀를 밝혔다고 들었는데 이번 함양에서는 다른가 봅니다.

홍, 이놈이 아주 간뎅이가 부었구나!

우리가 먼저 손을 써서 유방 놈을 아예 죽여 버립시다!

아부의 말이 옳소. 조만간 출격해서 이놈을 없애야겠소!

탁—

이때 항우의 숙부인 항백項伯이 이 얘기를 몰래 엿들었다.

유방을 공격하면 장량에게도 화가 미칠 테니 빨리 가서 이 사실을 알려야 돼!

항백

항백은 즉각 말을 달려 장량을 찾아갔다.

다다다

주공!

이 늦은 시간까지 안 자고 뭐하시오?

Z Z

항우가 곧 쳐들어 온다는데 잠이 오겠습니까?

그 정보는 누구에게 들었소?

그 얘기는 잠시 후에 하시죠.

관중에서 왕을 칭하라고 누가 얘기했나요?

취 장군이오. 나도 맞는 말 같아서 받아들였소.

우리 군대가 항우의 군대를 당해 낼 수 있다고 생각하십니까?

당연히 아니오.

혼내지 마…

그런데 왕을 칭해 항우를 도발 했으니 그는 분명 우리를 토벌하러 올 것입니다.

항우의 숙부인 항백이 제게 달려와 이 소식을 알려 주었습니다.

항백을 안다고?

일전에 그를 구해 준 일이 있었습니다. 주공과 함께 가서 그를 만나면 우릴 도와 줄지도 모릅니다.

좋소!

유방은 의관을 갖춰 입고 장량과 함께 항 백을 만나러 갔다.

단지 장량을 만나러 온 것뿐인데 패공 까지 번거롭게 할 줄 몰랐습니다.

관중을 함락한 건 항우의 공입니다. 저는 다만 성을 다른 이에게 빼앗기지 않도록 지키고 있었을 뿐입니다.

황궁과 관청을 모두 봉인하고 항우가 접수하기만을 기다리고 있었는데

제가 왕을 칭했다고 오해하니 정말 억울합니다!

패공은 너무 괴로워 마십시오. 제가 돌아가 사실대로 주공께 알리겠습니다.

항우 군영

유방은 나와 결의형제한 사이인데, 어쩌면 내가 그를 오해했는지도 모르오.

제가 드린 말은 틀림없는 사실입니다. 주공께서 그동안 패공을 오해했습니다.

다음날 유방은 항우를 만나러 직접 홍문으로 찾아갔다.

장군, 패공이 찾아 왔습니다.

어서 모셔 와라!

옳지, 유방이 제 발로 죽으러 왔군요. 절대 마음 약해져선 안 됩니다!

때가 되면 제가 주공께 눈짓을 보낼 테니 기회를 봐서 처리하십시오.

요 며칠 사이에 소인들이 헛소문을 퍼뜨려서 우리 사일 이간질하고 있습니다.

눈물까지?

이건 모두 그대의 좌사마 조무상이 알려 준 것이오. 그가 시비를 일으키는 소인인 줄 정말 몰랐구려.

이제 됐으니 기분 푸시오!

주연을 베풀고 다 같이 기분 좋게 한잔 합시다. 하하!

145

주공께서 술잔을 던지면 즉시 칼을 뽑아 유방을 죽여라!

알겠습니다!

이런 자리도 정말 오랜만이니 한 잔 쭈~욱 들이키시오!

제가 장군께 한 잔 올리겠습니다!

눈짓을 몇 번이나 보냈는데 왜 일부러 못 본 척 하는 거지?

빨리 결단을 내리십쇼. 아녀자의 인정*에 사로잡혀선 안 됩니다!

유방은 아부가 말한 것처럼 악한 사람이 아니오. 그를 꼭 죽일 필요는 없소.

*부인지인婦人之仁
하찮은 인정을 비유적으로 이르는 말로 인정을 베풀어 유방을 놓친 항우의 실수를 빗댄 말.

범중이 또 눈짓을 보내고 옥패를 들었어. 이건 위험이 사방에 도사리고 있다는 증거야.

범 대인, 바람 쐬러 나오셨어요?

범중이 뭘 하러 밖으로 나가는 거지?

항장項莊, 들어가 검무를 추다가 기회를 봐서 유방을 죽여라!

뭐라고요? 형님이 동의하지 않을 텐데요.

이후 모든 결과는 내가 책임진다. 너는 상관 말고 즉시 행동에 옮겨라!

군중 연회에 가무가 빠져서야 되겠습니까? 제가 검무를 춰 흥을 돋우겠습니다!

좋다!

휙

휙

쉭─

악!

챙─

혼자 검무를 추면 재미없으니 제가 짝이 돼 추겠습니다!

윽!

챙

챙

챙

제길, 유방을 찌를 때마다 숙부가 가로막고 나서면 어쩌자는 거야?

큰일이다. 빨리 번쾌를 불러와야겠다!

이게 연회야? 싸움이야?

안쪽 상황은 어떻습니까?

항장이 검무를 추면서 주공을 죽이려 하고 있소!

번쾌

감히 우리 형님 목숨을 노리다니. 내 이놈들을 가만두지 않겠다!

흥분하지 말고 나랑 같이 들어갑시다!

제발 진정하시오!

이자는 누구요?

패공의 마부인 번쾌라 합니다.

149

장사는 이리 와 앉으시오!

여봐라! 이 장사에게 상으로 술과 돼지 다리를 내려라!

장군께서 소인의 모함을 듣고 공이 있는 자를 죽이려 한 것은 진나라처럼 멸망의 길을 걷는 것입니다!

그건······

잠깐 측간에 다녀오겠습니다.

저도 따라가죠.

저도 가겠습니다.

주공,
얼른 자리를
뜨십시오!

작별인사도
없이 이렇게
급히 가도
되는 건가?

지금 도마 위의 생선
신세가 됐는데
그런 것 따질 여유가
어디 있소?

작별인사는
개뿔!

항우의 모사인
진평이 옵니다.

장군께서
손님들이 보이지
않는다고 모셔
오랍니다.

진
평

주공은 먼저
돌아가셨으니
제가 들어가
보고 드리죠.

부, 부탁하오!

먼저 가십쇼.
뒷일은 제가 알아서
처리하겠습니다.

장량은 유방이 돌아갔을 때 쯤까지 기다렸다가 막사로 들어가 항우에게 사죄했다.

패공이 술에 취해 작별인사도 없이 가게 됐다며 특별히 제게 이 보물들을 바치라고 부탁했습니다.

어?

일을 그르쳤다는 걸 안 범증은 화가 머리끝까지 치밀었다.

장차 천하를 빼앗을 자는 분명 유방 놈일 것이다!

쨍그랑

앗!

여봐라, 아부께서 취하셨으니 얼른 침소로 모셔라!

홍문의 연회에서 몸을 피해 군영으로 돌아온 유방은 즉각 조무상의 목을 베었다. 항우는 사소한 인정 때문에 유방을 죽일 절호의 기회를 놓침으로써 훗날 패망의 빌미를 제공하고 말았다.

소하가 도망치는 한신을 쫓아가다

한신은 원래 항우의 수하로 있었으나 여러 차례 계책이 받아들여지지 않자 화가 나 유방의 진영에 투신했다. 그러던 어느 날 한신은 군령을 어겨 다른 죄수 13명과 참수형을 받게 되었는데, 등공 하후영夏侯嬰이 이를 집행했다.

대왕은 천하를 차지할 마음이 없는 겁니까? 왜 장사를 함부로 죽이십니까?

멈춰라!

이 와중에도 큰소리를 치다니 보통 인물은 아닌 것 같군.

하후영, 형장에서 죄수 하나를 풀어 주고 대왕께 말해 관직도 주었다면서?

그랬지.

소하, 이 사람은 천하에 보기 드문 인재라고!

그와 몇 번 얘기를 나누었는데 웅대한 지략에 감탄이 절로 나오더라고.

자네가 감탄할 정도면 식견이 보통은 넘겠는걸.

하지만 한신은 유방이 자신의 진면목을 몰라 보고 말단 관직을 맡긴 데에 불만이 많았다.

전쟁터는 근처도 못 가 보고 이런 하찮은 자리에만 있으려니 따분해 미치겠군.

154

혹, 한신?

소하 대인이
셨군요. 대인의
명성은 익히
들었습니다!

하후영이
입이 마르게
칭찬을 해서
한번 만나 보고
싶었습니다.

당신은…

저는
하후영의 친구
소하입니다.

한신, 항우가 천하의 패권을
차지할 자격이 됩니까?

항우는 무예가
출중하지만 우수한 장수를
발굴하고 임명하는 데는
인색해 오직 자기 자신의
전쟁 능력만 믿고
있습니다.

또 성격이
제멋대로이고 부하
들을 다독일 줄 몰라
병사들의 불만도
많습니다.

155

좋은 말씀이오. 대왕께 보기 드문 인재를 얻었다고 당장 추천하겠소!

소 대인은 대왕을 바로 곁에서 모시는 측근이라 그가 추천한다면 틀림없이 중용될 수 있을 거야.

한신은 회음에 있을 때 비굴하게 남의 가랑이 밑을 기어갔다고 하오!

그건…

그렇게 담이 작은 자에게 어떻게 군사를 맡기고 전쟁을 치른단 말이오?

예전에 있었던 사소한 일로 한신의 능력을 판단해선 절대 안 됩니다!

156

어쨌든 그는 장수가 될 자격이 전혀 없소!

그럼에도 소하는 틈날 때마다 유방을 찾아가 한신을 중용하라고 간청했다.

한신은 정말 뛰어난 인재입니다!

지겨워, 지겨워!

하루가 멀다 하고 찾아와서 한신 얘기를 해대니, 이젠 넌덜머리가 나 죽겠소!

그를 푸대접하면 도망가 버리고 만다고요!

갈 테면 가라지. 그게 나와 무슨 상관이오?

저라고 이러고 싶겠습니까? 하지만 이렇게라도 해야 그를 중용하실 것 아닙니까?

소하 대인이
여러 차례 대왕께
말했지만 소용이
없는 것 같아.

에휴, 여기는
내가 있을 곳이
아닌 것 같군.

그에게 편지나
한 통 써 놓고
여길 뜨자.

소 대인,
큰일났소!

왜 그러나?

한신이 방금 달아났다고!

뭐?

소 대인!

소하는 유방에게 알릴 틈도 없이 즉각 한신의 뒤를 쫓아갔다.

뭐? 소하가 달아났다고?

그렇습니다.

소하가 없으면 난 손발이 잘린 것과 같다.

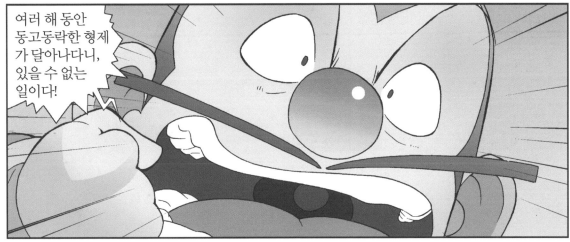

여러 해 동안 동고동락한 형제가 달아나다니, 있을 수 없는 일이다!

워ㅡ

워ㅡ

강물이 갑자기
불어나서 오늘
밤에는 건너가지
못하겠는걸.

한신!
한신!

소 대인,
여기까지 어쩐
일이십니까?

가지 마시오. 나랑 같이 돌아갑시다!

대왕께서 날 중용하지 않는데 굳이 이럴 필요 있으십니까?

새가 하늘 높이 날다 보면 포부를 펼칠 곳을 찾을 수도 있으니 절 놓아 주십시오.

이토록 귀한 인재를 어렵게 만났는데 절대 놓아 줄 수 없소!

대왕께서 그대를 장군에 봉하지 않으면 나도 그대와 함께 떠나겠소!

그렇게까지 말씀하시니 ......

오늘 나랑 같이 꼭 돌아갑시다!

절 알아준 대인의 은혜는 평생 잊지 않겠습니다!

Please~

피곤하니 여기서 잠시 쉬었다 갑시다.

초나라 군영에 있을 때 장량 대인이 추천서를 써 준 일이 문득 생각나는군요.

추천서를 잃어버렸습니까?

아니요.

대장부란 자신의 실력으로 존중받아야 하는 법이니까요!

그럼 왜 대왕께 전하지 않았습니까?

오, 그대는 진정한 영웅이오!

소하 대인이
돌아와 문 밖에서
뵙기를 청합니다.

어서 들라
해라.

내게 일언반구도
없이 도망가는
통에 초조해서
한잠도 이루지
못했단 말이오!

다크서클
보이지?

저는 도망간 것이
아니라 도망친
사람을 쫓으러
갔습니다.

얼마나 대단한
자기에 그대가
직접 쫓아갔단
말이오?

한신입니다!

도망친 장수들이
수십 명인데
그들은 놔두고
겁쟁이 한신을
쫓아갔다고?

장수는 얼마든지 얻을 수 있지만 한신은 오직 한 명뿐입니다.

그가 정말 그렇게 대단한가?

그가 한신을 위해 써 준 추천서를 한번 보십시오.

장량 대인도 그를 알아봤습니다.

장량이?

음……

좋다! 당장 한신을 대장에 임명하시오!

현명하신 판단입니다!

한신은 소하의 천거로 유방의 수하로 들어가 대장군이 되었고, 서한 개국에 큰 역할을 하였다.

잔도를 수리하는 척, 진창을 건너다

잔도棧道
험한 산의 낭떠러지와 낭떠러지 사이에 다리를 놓듯이 하여 낸 길.

항우는 함양에 입성하여 아방궁을 불사르고 진왕 자영을 죽였다. 또 초 회왕을 유배 보내고 스스로 서초패왕에 올라 팽성에 도읍을 정했다. 이와 함께 18제후를 분봉했는데 유방은 파촉 및 한중 땅을 다스리는 한왕에 임명하고 장한, 사마흔, 동예를 각각 옹왕, 새왕, 적왕에 봉해 관중을 다스리며 유방을 견제하도록 했다. 이에 유방은 울분을 억누른 채 군사를 이끌고 한중으로 들어갔는데……

항왕이 양적으로 돌아가는 길에 즉각 합류하라고 해서 이만 가 봐야겠습니다.

배웅해 줘서 고맙소.

혼자 가는 건 외로워.

참, 포중을 지나면 잔도를 불살라 버리십시오. 그래야 항왕을 안심시킬 수 있습니다.

그러면 난 한중에 갇히는 것 아니오? 그 대가가 너무 클 텐데요.

잔도를 세우지 않고도 관중으로 통하는 산길을 제가 알고 있습니다.

화르륵─

항우, 나중에 두고 보자!

한중으로 들어간 유방은 대장군 한신을 곁에 두고 군사력을 키워 중원으로 진출할 날만 노리고 있었다.

주발, 무명소졸인 한신이 대장군에 임명된 게 말이 될 법한 소리야?

죽음을 무릅쓴 우리가 그런 애송이보다 못하다니, 원!

번 장군, 대장군께서 찾으십니다.

나를?

듣자니 한신이란 자가 전에 목숨을 구걸하려고 남의 가랑이 밑을 기었다는군.

그런 작자가 내 상사라니 어이가 없군.

번 장군, 어서 오시오!

무슨 일로 찾으셨습니까?

대왕께서 옹왕 장한 토벌을 명하셨소.

그러니 즉각 잔도 수리에 들어가 1개월 안에 꼭 끝내시오.

그렇게 긴 잔도를 1개월 안에 어찌 수리합니까?

나를 죽이고 싶다면 말로 하면 될 것을, 어째서 그렇게 음험한 방법을 쓰시오!

쳇!!

화가 난 번쾌는 즉시 소하를 찾아가 하소연했다.

한신에게 따로 계책이 있는 게 분명하니 장군을 해한다고 여기지 말아 주십시오.

소 대인까지 정말 이런 식으로 나오기요!

군령은 태산 같습니다. 빨리 군사를 이끌고 잔도를 수리하러 가시지요.

죄다 한신 편이구나!

포중

주발, 보게! 지형이 이렇게 가팔라서 수리하는 데 1년도 더 걸린다고!

근데 뭐 1개월?!

한신 이놈이 감히 덤비지 못하니까 날 죽일 구실을 찾는 게 틀림없어!

휴······

힘들다. 날 죽여라, 그냥!

헉헉

학-학-

겨우 열흘 만에 부상자가 수십 명이나 발생했어.

부상병은 점점 더 늘어날텐데……

육가 대인이 무리를 이끌고 찾아왔습니다.

여긴 어쩐 일이십니까?

제때 임무 완수가 가능한지 한 장군께서 알아보라고 하셨습니다.

이 어마어마한 공사를 1개월 안에 끝내기란 절대 불가능합니다!

이건 무리한 작업이오. 설사 날 죽인다 해도 어쩔 수 없소!

그러다가 대장군의 출정을 그르치면 장군이 책임 지시겠습니까?

169

한신의 저택

잔도 수리는 사실 속임수 입니다.

번쾌를 정말 죽이실 작정 입니까?

진창陳倉은 관중 으로 들어갈 때 반드시 지나야 하는 땅인데

두 곳 사이에는 가파르고 험악한 산과 고개가 가로막고 있고, 또 장한의 막강한 군대가 이곳을 지키고 있습니다.

그래서 장한을 안심시키려고 이 방법을 쓴 것입니다.

번쾌가 속으로 장군을 얼마나 욕하겠습니까?

육가가 이 계획을 전해 주러 갔으니 그의 화도 가라 앉겠지요.

170

번쾌처럼
성실한 사람을
꼭 속여야만
했습니까?

적을 속이려면
먼저 우리 편을 속여야
하는 법이오. 어쨌든
그가 희생양이 되긴
했지만요.

하하⋯⋯

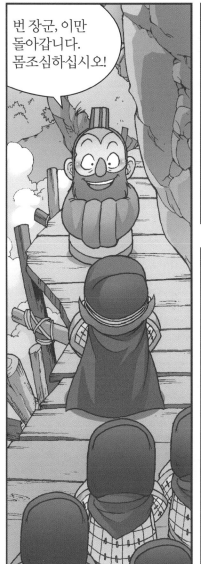

번 장군, 이만
돌아갑니다.
몸조심하십시오!

돌아가면 대왕께
사람을 더 보내
달라고 말 좀
해주시오!

서, 설마
연기 중?

흐흐,
내 연기가
괜찮았나?

며칠 후

쓸데없는 일에 매달리느니 집에 가서 잠이나 자야겠다!

장군, 지금 가시면 군법에 의해 처벌을 받습니다!

날 막지 마라!

빨리 여기를 빠져나가서 한신과 합류 해야 돼.

장한 군영

대왕, 유방의 군사 상황 입니다!

어서 보여 주게.

172

한 달 만에 잔도를 수리한다고? 바보도 이런 바보가 어디 있어!

당분간은 발 뻗고 편히 잘 수 있겠다!

장한이 방심한 사이 한신은 대군을 이끌고 진창을 통해 관중으로 진격했다.

번 장군이 어떻게 온 거지? 잔도를 수리하러 가지 않았나?

설마 잔도 수리가 벌써 끝난 거야?

이 좁은 길로 가면 바로 진창이 나오는 게 확실합니까?

확실합니다.

이번에야말로 장한의 곡소리를 듣게 되겠군요.

장한 군영

뭐라?

한신이 대군을 이끌고 우리 진영을 향해 쳐들어오고 있습니다!

잔도 수리는 아직 끝나지 않았을 텐데… 대체 어디서 튀어나온 거야?

한신은 순조롭게 진창을 거쳐 관중으로 들어와 장한의 군대와 대치했다.

어디가 앞이야!

갑옷은 어딨는 거야?

장한, 전에 너 때문에 40만 대군이 항우에게 생매장되었는데 무슨 낯짝으로 여기서 옹왕을 칭하느냐!

그에게 충성을 다해 봤자 좋은 결말을 기대하기 어렵다! 상황 파악이 됐다면 빨리 투항해라!

네가 죽고 싶어 환장했구나!

돌격 하라!

와−

한신의 군대가 너무 강하다. 빨리 달아나자!

장한, 이미 전세가 기울었으니 달게 죽음을 받아라!

이런 무명소졸 에게 패할 줄은 꿈에도 몰랐구나!

유방은 한신의 '암도진창暗渡陳倉, 잔도를 수리하는 척하며 몰래 진창을 건너다' 전략으로 순조롭게 관중에 입성해 중원으로 진출할 입지를 마련했다. 이로써 한나라를 건립하는 대업의 서막이 올랐다.

진평이 계교로
범증을 제거하다

기원전 203년, 초한 전쟁이 한창 치열할 때 유방은 형양성에서 항우에게 포위되어 군량 보급로와 외부 지원군이 모두 끊기고 말았다.

장량, 난국을 타개할 좋은 방법이 있겠소?

초군을 물러가게 하려면 반드시 범증을 제거해야 합니다.

범증은 지략이 뛰어나 제거하기 쉽지 않을 텐데……

진평이 전에 항우의 수하로 있어서 범증을 잘 알 테니 그에게 물어보면 어떻겠습니까?

범증을 제거하려면 먼저 항왕 진영을 흔들어 놓아야 하는데, 그러려면 ……

그 돈이라면 당장 내주겠소!

무슨 곤란한 일이라도 있소?

대왕께서 황금 4만 냥을 내주시면 쉽게 일을 처리할 수 있습니다.

진평은 이 돈으로 사람들을 사서 초나라 진영에 유언비어를 퍼뜨렸다.

종리매鍾離昧 장군이 대왕을 죽이려고 한왕과 내통한다는 소문이 파다해.

정말인가?

178

종 장군은 큰 공을 세우고 후한 대우 까지 받았는데 왜 반란을 일으키려는 거지?

일이 성사되면 한왕이 종 장군을 왕에 봉하기로 약속했대.

종 장군의 마음이 흔들릴 만한 조건을 내걸었군.

펄럭─

펄럭─

아니 땐 굴뚝에 연기가 날 리 없지. 종리매를 곁에 두었 다간 언젠가 화를 당하겠어.

당장 종리매를 변방 수비대에 보내라!

예!

여봐라!

대왕, 찾으셨 습니까?

헤헤, 군사 몇 명을 매수해서 유언비어를 퍼뜨린 작전은 대단히 성공적이었어.

과연 돈은 귀신도 부린다는 말이 맞아!

진평, 이번 계략은 매우 훌륭했소!

벌써 들었구먼! 홋

양모*는 내가 대인만 못하지만 음모는 대인이 날 따라올 수 없소이다!

하하, 적절한 비유요!

* 양모陽謀
음모陰謀의 반대말로, 주도 세력이 특정한 목적을 달성하기 위해 드러내놓고 책략을 펼치는 것을 가리킨다.

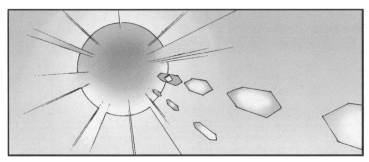

사신을 형양에 보내 유방의 허실을 정탐해 보는 게 좋겠습니다.

최근 군중에 떠도는 유언비어는 유방의 짓이 틀림없습니다.

아부의 말이 옳소!

형양

항우 이 자의 가장 큰 단점은 의심증이 심해 전혀 근거가 없는 말도 잘 믿는다는 것입니다.

오호라!

반간계가 매번 성공하는 이유가 있었구려.

반면 대왕께선 일단 사람을 쓰면 의심하지 않아 모두 기꺼이 목숨을 바칩니다.

초나라에서 사신이 왔습니다.

대왕, 제 말대로 하시면 범증을 제거할 수 있습니다.

어떤?

훌륭한 계책이오!

유방은 진평의 계책에 따라 초나라 사신을 환대했다.

마음껏 드시오!

감사합니다!

과분한
대접에 몸 둘 바를
모르겠소이다!

아부가
전하라고 한
소식은 가져
오셨나요?

네?!

난 항왕의 명으로
온 것이지, 아부와는
아무 관계도
없습니다!

난 또 아부가
보낸 사자인 줄
알았잖소!

홍!
내가 음식을
잘못 내왔소!

184

이것이 당신 식사요!

감히 아부의 사자인 체하며 음식을 잘못 내오게 하다니!

이런 법이 어디 있소?

내가 언제 그런 척을 했다고!

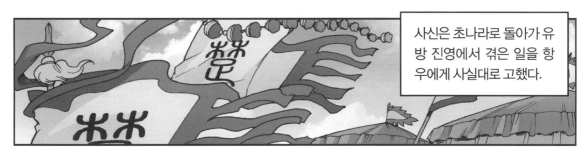

사신은 초나라로 돌아가 유방 진영에서 겪은 일을 항우에게 사실대로 고했다.

뭐라고? 그게 사실이냐?

한 치의 거짓도 없는 사실입니다. 아부를 조심 하십시오!

군심이 동요할 수 있으니 이 일은 아무에게도 말하지 마라.

명심하겠습니다.

아부가 날 배신하다니!

항우가 범증을 의심하며 형양 공격을 차일피일 미루자 이 사실을 까맣게 모르는 범증이 항우를 찾아가 공격을 재촉했다.

왜 빨리 형양을 공격하지 않으십니까?

서두를 것 없소.

애초에 홍문에서 유방을 죽이라고 권했지만 듣지 않으시더니

지금 겨우 그를 궁지로 몰아넣었는데 왜 시간을 지체 하시냐고요!

만일 유방이 달아난다면 호랑이를 산으로 돌려보내는 것과 같습니다!

우물쭈물하다 가는 도리어 화를 입게 됩니다!

흥, 형양을 함락 하기 전에 내 머리를 유방에게 갖다 바치 려는 것이 아니오?

그게 무슨 말씀이십니까?

그대의 속셈을 모를 줄 아시오!

이런, 대왕이 적의 이간질에 넘어가서 날 의심하는구나. 아, 이제 어찌한단 말인가!

우세가 명확한 상황 에서 대왕이 곧 천하를 얻게 될 것입니다. 신은 나이가 많아 허락 하신다면 고향으로 돌아가 여생을 보내겠습니다!

흥, 맘대로 하시오!

대왕이 만류하지
않는 걸 보니 날 첩자로
여기는 게 틀림없어.
더는 여기 머무를 수
없겠구나.

나의 노력이
수포로 돌아가는
것이 안타까울
뿐이로다!

실망한 범증은 항우를 떠
나 고향으로 돌아가던 길
에 등창이 터져 얼마 후 죽
음을 맞이했다. 항우의 가
장 유능한 모사는 이렇게
쓸쓸히 세상을 떠났다.

한신, 배수진을 치다

기원전 204년, 초·한 양군의 주력 부대가 대치할 때 한신은 장이張耳와 함께 새로 모집한 군사를 이끌고 초나라에 빌붙은 조나라를 침공했다.

장 장군, 이번 군대는 기본적인 명령조차 모를 정도로 형편없소이다!

서서히 나아질 테니 너무 염려 마십시오.

당장 조군과 교전해야 해서 훈련시킬 시간이 없다고요!

조나라 주장 진여는 고지식해서 대적하기 어렵지 않습니다.

하지만 광무군 이좌거는 지략이 뛰어나 만만한 상대가 아니오.

진여는 이좌거의 계책을 음험하다 생각하고 있습니다.

설사 이좌거가 계책을 올려도 받아들이지 않을 것입니다.

조군 진영

진 장군, 한신을 쉽게 물리칠 방법이 있습니다!

한번 들어 봅시다.

광무군, 무슨 일이오?

한군은 먼 길을 오느라 군량 공급이 원활치 않을 테니 식량을 불사르면 물러갈 겁니다.

안 되오. 그 계책은 너무 비겁하오!

병서에 정의의 군대는 승리를 취할 때 간계나 속임수를 쓰지 않는다고 나와 있소!

......

말끝마다 병서 타령이나 하는 책상물림 같으니라고.

지금 우리 군사는 20만이고 적은 고작 3만이니, 교전하는 게 가장 옳은 방법이오.

또 군사가 적보다 열 배 많으면 포위해서 공격하고, 두 배 많으면 교전하라 했소.

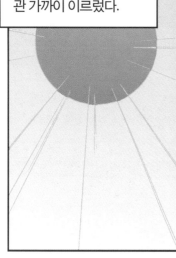

진여의 고지식한 대응에 한신의 군대는 아무 저항 없이 조군이 주둔한 정형관 가까이 이르렀다.

다행히 진여가 이좌거의 계책을 묵살했기에 망정이지, 큰일 날 뻔했소!

훗, 당연한 결과인걸!

장 장군의 예상이 그대로 적중했구려!

저와 진여는 오랜 친구 사이여서 저보다 그를 잘 아는 사람은 세상에 없습니다.

저는 그를 세상에 둘도 없는 친구라고 여겼었죠.

그런데 한번은 제가 적군에게 포위당한 일이 있었는데 이를 보고도 구해 주지 않더군요.

지난 일은 이제 다 잊으시고 지금은 작전에 관한 얘기나 나눕시다!

네? 배수진을 친다고요?

그렇소.

조군이 주둔하고 있는 정형산은 관문이 협소하고 밖으로는 파도가 넘실대는 큰 강이 있소.

조군이 배산임수의 요새를 점거한 상황에서

관문을 사수하면 우리는 영원히 승리를 취할 길이 없소.

따라서 조군을 이기려면 그들을 반드시 정형산 요새 밖으로 유인해야만 하오.

음...

193

배수진이 병가에서 금기시하는 작전임을 알지만 이번엔 상황이 다르오.

묘책이긴 합니다만

아군의 퇴로가 끊긴 상황에서 조군에게 패한다면 전군이 몰살하게 됩니다.

새로 뽑은 군사들은 싸움이 나면 바로 도망칠 사람들이라…

이때 그들의 퇴로를 차단하면 도리어 살고자 하는 의지가 생겨 조군과 죽기 살기로 싸울 것이오.

장군이 이 정도로 생각이 깊으시니 더 이상 염려할 필요가 없겠습니다!

장군은 지름길로 돌아가 조군 군영 뒤에 숨어 있다가 조군이 나오면 아군 깃발을 꽂으시오!

예!

194

한신 이 바보 놈이 군사를 사지에 배치하는 작전을 쓰다니!

크하하!

병서에 포진은 배산임수가 기본이라 했거늘, 한군은 오히려 물을 등지고 있다!

이번에야말로 아주 박살을 내주마!

이에 진여는 군영 안의 군사를 모두 이끌고 총공격에 나섰다.

한신이 드디어 죽을 때가 왔다!

앞은 적군이요, 뒤는 강물이라 우리에겐 더 이상 물러날 곳이 없다. 목숨을 걸고 적과 싸워야만 살아 남을 수 있다!

돌격 하라!

죽여라!

한군이 너무 용맹해서 아군 사상자가 속출하고 있어. 계속 싸우는 건 무리다.

와―

196

후퇴하라!

와다다―

짠!

한신의 명을 받고 매복해 있던 장이는 조군이 모두 군영을 나가자 재빨리 군영을 점령했다.

앗! 어떻게 된 일이지?

대체 어느 틈에…

큰일이다. 우리 군영이 점령당했어!

이제 어쩌면 좋아?

으악!

진여 장군이 화살에 맞아 죽었다!

투항할 테니 목숨만 살려 주십시오!

이좌거를 생포하는 자에게 큰 상을 내린다고 일러라!

한 병사가 이좌거를 포박해 데려왔다.

이좌거, 그대의 군사 재능은 매우 뛰어나지만 애석하게도 진여가 이를 알아보지 못했구려.

흥, 진여가 내 말을 들었다면 너는 일찌감치 패했다!

날 위하는 체 말고 내 목을 베든 찢어 죽이든 마음대로 하시오!

그대를 내 군사로 삼고 싶으니 제안을 꼭 받아주시오!

엥?

한신이 이토록 날 후대할 줄이야……

이좌거를 얻은 한신은 호랑이에 날개를 단 듯 파죽지세로 여러 차례 전쟁에서 승리했다.

장군을 위해 이 한목숨 바치겠습니다!

정말 고맙소!

항우가 유방의 부모를 삶아 죽이려 하다

한신이 조군을 격파한 지 얼마 안 돼 항우와 유방은 광무의 좁은 길에서 맞닥뜨렸다.

유방, 저 위에 누가 묶여 있는지 봐라!

아들아!

만약 네가 투항 하지 않는다면 저들을 삶아 죽이겠다!

우리는 의형제를 맺었으니 내 아비는 곧 너의 아비고, 내 아비를 죽이는 것은 바로 자기 아비를 죽이는 것이다!

삶을 솥이 없다면 우리가 빌려 드리지!

어흐흑, 불효자를 용서하소서.

좋다. 오늘밤 저들을 삶아 죽일 테다!

죽여라!

돌격!

202

수년간 전쟁이 끊이지
않았지만 어쨌든
이건 우리 둘 간의
싸움이니 우리가
여기서 사생결단을
내자!

난 지혜로 싸우지
힘으로 싸우지
않소.

No!

흥!

언제까지
그런 여유를
부리나 보자!

나 좀
살려다오!

하하! 맛이
어떠냐?

맞을 것
같더라니.
쯧쯧

대왕을 잘
부축해라.

유방 군영

아이고!

왜 항우를 도발해서는
……

대왕께서 화살에 맞은 후 아군의 사기가 크게 떨어졌습니다.

그래도 일어나셔야 합니다.

아, 천천히……

그래서 군심을 안정시킬 필요가 있습니다.

가슴에 중상을 입어서 움직이기도 힘들단 말이오.

유방은 아픈 몸을 이끌고 군영을 두루 다니며 자신의 건재함을 과시했다.

대왕께서 쾌차하셨다!

스마일~!

다들 수고가 많네!

아이고, 아파 죽겠어……

목소리 낮추십시오!

이튿날, 항우가 다시 싸움을 재촉하자
유방은 신궁 누번을 보내 맞대응했다.

유방 놈이 왜
출전하지 않았지?
설마 죽은 건가?

쉭쉭~

악!

훌륭한
활솜씨다!

혹시 이번에
한군에 새로 합류한
신궁 누번이
쏜 건가?

이랏!

흥, 어딜 감히!

으악, 너무 무서워!

사람 살려!

흥! 알고 보니 겁쟁이였군!

헐—

뭐!
누번이 도망
갔다고?

항우가 달려 나와
윽박지르자 아예
군영으로도 돌아
오지 않았습니다.

마지막 남은
패마저도 소용이
없었구나.

잠시 숨죽이고
있다가 한신, 팽월彭越의
전투 결과를 보고 다시
움직이는 게
좋겠습니다.

항우 진영

한왕이 아직
죽지 않고
요양 중이라고
합니다.

그 화살을
맞고도
아직 살아
있다고?

방금 전달 받은 군사 상황 입니다.

가증스런 한신 놈!

사마용저가 전사했다고?

그렇습니다.

유방의 아비와 어미를 당장 삶아 죽여라!

예!

한왕의 부모를 죽인다고 우리에게 전혀 이로울 게 없습니다!

Stop!

210

211

장량, 진평, 어서 오시오.

상처가 벌어질지 모르니 움직이지 마십시오.

현재 초군의 식량이 며칠 버티지 못한다고 합니다. 지금이야말로 저들과 화친을 맺을 절호의 기회입니다.

이 기회에 항우에게 대왕의 부모님을 돌려보내라고 요구하십시오.

좋다! 당장 사자를 보내 화의를 청하라!

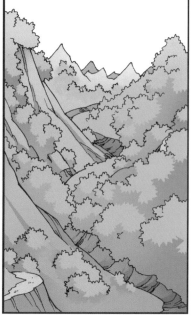

사정이 여의치 않았던 항우는 즉시 화친에 동의하고 유방의 부모를 풀어 주었다. 또 형양 동남쪽 20리 밖의 홍구를 경계로 동쪽은 초나라가, 서쪽은 한나라가 각각 차지했다.

사면초가와
항우의 최후

사면초가四面楚歌
사방에서 초나라 노래가 들린다는 뜻으로, 곤궁에 빠져
옴짝달싹할 수 없는 처지를 이른다.

기원전 203년, 유방이 대군을 이끌고 항우를 추격하고 한신, 팽월 등이 측면 지원에 나서자 항우군은 패전을 거듭하다 해하에서 완전히 포위되고 말았다.

구월 깊은 가을 사방에서 서리 날리고, 하늘은 높고 물은 말라 기러기 슬피 우누나.

어디서 나는 노랫소리지?

아! 이건 우리 초나라의 노래잖아!

213

우희야, 무슨 일이냐?

들어 보세요. 밖에서 사람들이 초나라 노래를 부르고 있어요.

혹시 구원병이 온 건가?

집 떠난 지 10년, 처자식은 쓸쓸한 빈방에서 외로이 지내는구나!

♪～

♪～

어머니는 아들을 눈 빠지게 기다리고, 아들은 부모 생각에 애간장이 녹는구나!

......응?

초나라 말 발음이 정확하지 않은 걸로 보아 한군 사병이 부르는 노래 같아요.

뭐라고?

214

대왕, 사방에서
초나라 노래가
들려옵니다!

아, 군사들이
고향의 노랫소리에
서글퍼져 싸울 마음이
전혀 없어졌겠구나!

이미 한군에게
겹겹이 포위됐으니
대왕께서는 빨리
달아나십시오!

술을
가져 와라!

대왕?

오늘 마지막으로
군사들과 술이나
실컷 마셔야겠다!

예!

건배!

건배!

꿀꺽

꿀꺽

꿀꺽

힘은 산을 뽑고
기세는 세상을 덮을
만하지만 때가 불리
하여 애마 추가 나아
가지 않는구나!

추마저 가지 않으니
난들 어찌하리,
우희야, 우희야,
너를 어찌하리!

216

한군이 이미 모든 땅을 차지했고, 사방에서는 초나라 노랫소리가 들려

신첩이 대왕께 춤과 노래를 바치겠나이다!

대왕의 뜻과 기운이 다했으니 천첩이 어찌 살기를 바라리오!

내 마지막 걱정거리가 사라졌으니 이제 한군과 결사전을 벌여 한 놈이라도 더 죽이겠다!

우희야!

217

유방 진영

그대의 사면초가 작전은 정말 훌륭했소. 어제 초나라 군사들이 모두 목 놓아 울었다는구려.

헤헷!

그들의 군심이 흐트러진 틈을 타 쳐들어가면 일거에 멸할 수 있습니다!

그렇게 합시다.

항우가 포위를 뚫고 도망갔습니다!

뭐?

항우가 어느 방향 으로 달아 났느냐?

동쪽 입니다.

항우가 고향 강동으로 돌아가려면 오강을 반드시 지나야 하는데.

일부 사병을 오강에 매복시켜 놓고 항우가 스스로 걸려들길 기다리십시오.

좋은 생각이오!

노인장, 오강으로 가는 길이 어느 쪽입니까?

왼쪽으로 가면 됩니다.

흉악하게 생긴 게 틀림없이 좋은 사람은 아닐 거야.

219

노인이 길을 잘못 알려준 탓에 항우의 군대는 엉뚱한 길로 가고 말았다.

속았다. 말들이 모두 늪에 빠져서 지나갈 수가 없잖아.

사람 살려!

그 노인네가 유방에게 매수되어 일부러 길을 잘못 알려준 게 분명해.

빨리 항우를 포위하라!

대왕, 얼른 달아나십시오!

두려워 마라! 내 기병한 지 8년 동안 크고 작은 전투를 60여 차례 치렀지만 한 번도 패한 적이 없다!

내가 이곳에서 곤경에 처한 건 하늘의 뜻이지 내 능력이 모자라서가 아니다. 지금 이를 증명해 보이겠다!

죽여라!

저희도 대왕과 함께 살고 함께 죽겠습니다!

비켜랏!

아!
군사들이 항왕에게 전멸했어!

항왕은 정말 무시무시한 사람이야!

초군도 사상자가 많아 항왕 곁에는 남은 사람이 없을 것이다. 계속 추격하면 분명 그를 잡을 수 있다!

오강

아니, 항우 대왕이잖아.

대왕, 빨리 배에 오르십시오. 제가 강동까지 모시겠습니다!

하늘이 날 죽이려 하는데 강을 건넌다고 뭐가 달라지겠소?

222

게다가 나를 따라 종횡무진한 강동의 자제들이 모두 죽었는데 무슨 낯으로 고향 사람들을 보겠소!

추는 나와 여러 해 동안 함께 전장을 누벼 차마 죽일 수 없으니 노인장이 거두시오!

나는 가리다!

헉헉……

죽어라!

항우, 궁지에 몰린 짐승처럼 발악하지 말고 빨리 투항해라!

여마동?

여기서 옛날 내 부하를 만날 줄은 꿈에도 몰랐구나!

지금 난 한왕의 부하지 네 부하가 아니다!

왕예, 저 자가 바로 항우다!

빨리 항우를 잡아라!

누가 감히 나서겠느냐?

나, 난 아니오!

천하는 끝내 내 것이 아니었구나!

내 목에 천금의 현상금이 걸렸다 하니 오늘 너희들에게 선물을 주겠다!

항우의 죽음으로 초한 전쟁은 마침내 막을 내렸다.

유방은 장병들이 토막낸 항우의 시체를 모아 노공의 예로 곡성에서 후하게 장사지내 주었다.

죽음으로 충절을 지킨 전횡의 5백 장사

기원전 202년, 항우를 물리친 유방은 장안을 수도로 삼고 국호를 '한'이라 정했다. 역사에서는 이를 '서한西漢'이라고 부른다.

먼저 사신을 보내 투항을 권유해라!

제왕 전횡과 그 수하들이 작은 섬으로 도망갔는데, 그들을 살려 두면 후환이 생길까 염려됩니다.

정말 아름다운 섬이구나!

누구냐?

난 황제께서 파견한 사신 영창으로 제왕을 만나러 왔소!

애초에 투항하려고 마음먹었는데 한신이 몰래 우리를 기습하는 통에 화가 나 항서를 찢어 버렸소.

패장 주제에 내가 상을 받을 자격이나 있겠소?

폐하께서는 과거의 잘못을 묻지 않으시니 너무 개의치 마시오.

나는 평민으로 이 작은 섬에서 대대로 살며 절대 두 마음을 품지 않겠다고 폐하께 전해 주시오.

일전에 내가 유세객 역이기*를 삶아 죽였는데 그의 동생 역상이 대장으로 있으니 날 죽이지 않을까 걱정이오.

그건……

* 역이기|酈食其
유방의 참모이자 유세객으로 한이 천하를 평정하는 데 큰 공을 세웠다.

장안

역상, 전횡이 그대 형을 죽인 것은 당시 그가 제나라 승상 신분이어서 어쩔 수 없었던 일이다.

뭐? 무슨 이런 억지가…

전횡이 투항한 후 그의 손가락 하나라도 건드리면 구족을 멸하겠다!

어찌 명을 거역하겠습니까!

자네의 입장을 밝히는 서신을 전횡에게 써 주도록 하게.

예!

이 정도면 투항에 응하겠지?

227

이것은 역상의 편지이니 읽어 보십시오.

영창은 역상의 편지를 가지고 다시 전횡을 찾아갔다.

유방의 협박에 못 이겨 억지로 쓴 게 틀림없어.

그대에게는 두 가지 길이 있소. 항복하면 왕에 봉하고 항복하지 않으면 군사를 동원해 이 섬을 멸하겠소!

앗! 깜짝이야.

의견을 말씀 해 주시지요.

그게……

한나라 대군이 쳐들어오면 막을 방법이 없는데.

그럼 내일 저와 함께 폐하를 뵈러 출발합시다!

알겠소.

좋소, 투항하리다.

대왕!

다들 배웅해 줘서 고맙네.

한왕은 음흉해서 사람을 용서할 위인이 못 돼.

대왕의 이번 여정은 길보다 흥이 많으니 어쩌지?

대왕께서 안전하게 돌아오셔야 할 텐데.

전횡 일행이 시향이란 곳을 지날 때쯤이었다.

다다다

곧 낙양 남궁에 도착할 예정입니다.

천자를 뵙기 전에 반드시 몸을 씻어야 하니, 대인께서 준비해 주시겠습니까?

암~ 문제없소!

230

목욕을 핑계로 역사에 머문 전
횡은 몰래 부하들을 불렀다.

삐걱-

휴, 겨우
감시에서
벗어났다!

게다가 역상과
함께 관리가
되면……

내가 역상의 형을
죽였는데 설사 그가
개의치 않는다 해도
나로서는 부끄러운
일이다.

전에는 한왕과
권력이 동등했는데
지금은 그를 알현해야
하다니, 이런 치욕이
어디 있느냐!

너희들은 당장 내 목을 베어 한왕에게 바쳐라!

아... 안 됩니다!

아! 나라가 망한 서러움이 이리도 크구나!

대왕!

대왕!

쾅!

이게 어떻게 된 일이냐?

대왕께서 자신의 목을 폐하께 바치라는 유언을 남기셨습니다.

꼭 이럴 필요까지 있었단 말이냐?

유방은 전횡의 목을 본 후 그를 불쌍히 여겨 후하게 장사지내 주었다.

엉엉……

우리도 대왕을 따르겠습니다!

대왕께서 자진한 것은 굴욕을 참지 못해서일 뿐 아니라 우리를 보호하기 위해서였어.

우리가 어찌 대왕을 잃고 구차하게 삶을 연명하겠나?

영창은 이 사실을 바로 유방에게 알렸다.

장사 두 명이 전횡을 따라 스스로 목숨을 끊었다고?!

진정한 충신이로다!

멋져!

섬에 남아 있는 사람들도 이들처럼 충성스럽다면 충분히 기용할 만하겠어!

영창, 섬에 다시 한 번 가서 투항을 종용해라!

당장 출발 하겠습니다!

5백 장사는 모두 스스로 목숨을 끊고 아무도 항복하지 않았다. 훗날 사람들은 전횡과 의리를 지킨 장사들을 기념해 이 섬을 '전횡도'라고 불렀다.

다음 권에 계속됩니다…